KB270525

SPARKNOTES™

다락원 | Spark Publishing

톰 존스

Tom Jones

헨리 필딩

SPARKNOTES™ 048

톰 존스

펴낸이 정규도
펴낸곳 (주)다락원

초판 1쇄 인쇄 2011년 10월 7일
초판 1쇄 발행 2011년 10월 14일

책임편집 안창열
디자인 정현석
번역 오성환
표지삽화 손창복

다락원 413-830 경기도 파주시 문발로 211
내용문의: (031)955-7272(내선 400)
구입문의: (02)736-2031(내선 112~114)
Fax: (02)732-2037
출판등록 1977년 9월 16일 제300-1977-23호

Copyright © 2011, 다락원

값 7,000원

ISBN 978-89-277-1997-7 43740

세계의 교양을 읽는다

고전을 왜 읽는가?

인간의 삶과 세상에 대한 영원한 물음이 있기 때문이다. 시대와 사상을 뛰어넘어 지금 여기 우리에게 필요한 물음이 없는 고전은 더 이상 고전이 아니다. 인간과 삶에 대한 근원적인 물음 없이 고전을 읽는다면 자신과 인간에 대한 성찰과 지혜로 이어지지 않는다. 논술 시험 때문에, 과제물 때문에, 아니면 남들이 읽으니까, 나도 읽는다는 식이라면 그 책은 죽은 책일 수밖에 없다.

고전을 살아 있는 책으로 만드는 이 '물음!'에 답하기 위해서는 좋은 길잡이가 필요하다. 오랜 기간 동안 미국의 고교생과 대학 주니어들이 시험, 에세이 작성, 심층토론 준비를 위해 바이블처럼 애용해온 'SPARKNOTES'와 'CliffsNotes'는 바로 그런 좋은 길잡이의 표본이다.

SPARKNOTES와 CliffsNotes의 가장 큰 장점은 방대하고 난해한 고전을 Chapter별로 요약하고 분석해서 원전의 내용에 보다 쉽고 체계적으로 접근하는 신속·간편성이라고 할 수 있다.

대입논술로 고민하고, 자칭 타칭의 고전이 넘쳐나는 오늘의 독서 풍토에서 지적 정복이 긴박한 대한민국 학생들에게 감히 이 시리즈를 자신있게 권한다.

―以貫之 논술연구모임 연구실장 이호곤

차례

이 책의 구성

SPARKNOTES와 CliffsNotes는 방대하고 난해한 원작을 보다 쉽게 이해할 수 있도록 돕는 안내서입니다. 여기에는 원작 이해를 돕기 위해 매 장마다 '요점 정리(또는 줄거리)'와 '풀어보기'가 실려 있습니다. '요점 정리(또는 줄거리)'에는 원저의 내용을 일목요연하게 정리해 놓아 저자가 전달하려는 내용을 어렵지 않게 파악할 수 있습니다. '풀어보기'에서는 철학서의 경우, 원저에 담긴 저자의 사상이나 관련 철학, 시대 상황, 논점 등을, 문학 작품인 경우에는 원작에 담긴 문학적 경향, 등장인물의 심리상태, 주제 등을 설명해 놓았습니다. 분석적이고 비판적인 글읽기의 바탕이 되는 요소들이죠. 비소설이나 소설을 막론하고 분석적이고 비판적인 글읽기는 독자에게 꼭 필요한 자질입니다.

그밖에도 원저를 좀더 깊이 복습해서 제대로 소화할 수 있도록 돕기 위해 'Study Questions'와 'Review Quiz' 등을 마련해 놓았습니다.

* 〈 〉는 철학서, 장편소설, 중편소설, 수필집, 시집. "   "는 단편소설, 논문
* 작품명은 독자의 이해를 돕기 위해 예외적인 경우를 제외하고는 영어식으로 표기함.

간추린 명작 노트

헨리 필딩(Henry Fielding)은 1707년, 조지 필딩 중위와 귀족 가문의 딸 사라 사이에서 태어났다. 필딩 가족은 상류 사회의 끄트머리 계층이었으나 경제 수준은 중산층이었다. 1718년, 어머니가 세상을 떠났다. 그리고 1년 뒤, 아버지는 재혼했고, 필딩은 이튼스쿨에 입학했다.

학창시절 필딩은 이성 문제로 가끔 벌을 받았으나 그리스·라틴 문학을 섭렵하거나 희곡을 집필하는 데 방해가 될 정도는 아니었다. 1728년 2월, 첫 번째 희곡 〈여러 얼굴의 사랑 *Love in Several Masques*〉이 드루리 레인 극장에서 초연되어 고무적인 성과를 거두자 연이어 20편 이상의 희곡과 소극*을 썼으며, 최고 성공작으로는 〈비극 중의 비극 *The Tragedy of Tragedies*〉이나 〈엄지대왕 존스의 삶과 죽음 *The Life and Death of Tom Thumb the Great*〉을 꼽을 수 있다. 한편, 1728년과 1729년 사이에는 네덜란드의 레이덴 대학교에서 법학을 공부했는데, 도중에 아버지의 도움이 끊겨 글을 쓰고 극장 관리인 일을 하며 돈을 벌

---

* **소극**(farce, 笑劇): 중세 프랑스 희극의 한 유형으로, 관객을 웃기기 위해 만든 비속한 연극. 실없는 해학, 노골적인 농담, 우연성, 황당무계함 등이 특징.

어 생활했다.

필딩은 1734년, 샬럿 크래독과 결혼하면서 인생의 중요한 전환점을 맞았다. 짧았던 결혼생활은 강렬한 애정과 이따금 닥친 지독한 궁핍이 특징이었다. 무모하고 낭비벽이 심했던 필딩은 가족들이 가난 속에서 허덕이자, 서둘러 법학원 공부를 마치고 1740년 변호사 자격을 얻어 법정변호사로 생계를 꾸려나가기 시작했고, 정치문제를 다루는 신문들에 기고하며 생활비를 보충했다.

필딩의 첫 번째 주요 소설 〈조셉 앤드류스와 친구 에이브러햄 애덤스 씨의 모험 *The Adventures of Joseph Andrews and His Friend, Mr. Abraham Adams*〉(1742)은 경쟁자 새뮤얼 리처드슨*의 소설 〈파멜라 *Pamela*〉가 유럽에서 선풍적인 인기를 끌자, 그 작품을 조롱하기 위해 기획한 풍자소설이었으나 등장인물들과 줄거리는 아무 관련도 없다. 2년 후, 아내 샬럿이 열병으로 세상을 떠나자, 필딩은 가정부 매리 대니얼과 결혼하고 행복하게 살면서도 샬럿에 대한 사랑을 잊지 못하고 중요한 여주인공 소피아와 아멜리아의 모델로 삼았다.

〈톰 존스(업둥이 톰 존스 이야기) *The History of*

---

* **새뮤얼 리처드슨**(Samuel Richardson, 1689-1761): 영국 소설가. 종교적·도덕적 우의(寓意) 소설에서는 볼 수 없었던 가정생활, 특히 연애와 결혼을 주제로 다룬 서구 근대 소설의 개척자. 주요 작품은 〈클라리사 할로〉 등.

Tom Jones, A Foundling〉(1749)는 샬럿에 대한 사랑과 경의에서부터 잉글랜드 남서부 지방에 대한 폭넓은 지식까지 거의 모든 면에서 필딩 자신의 삶이 뚜렷이 드러난다. 심지어 톰 존스라는 인물도 필딩처럼 가난과 운명의 반전들을 뼛속 깊이 인식하고 있으며, 태평하고 선량하다.

1749년, 미들섹스의 치안판사에 임명된 필딩은 희곡과 소설 속에서 시종일관 법과 입법자들을 풍자했지만 판사 직무는 성실하고 모범적으로 수행한 듯하며, 〈톰 존스〉가 입증하듯, 정치, 특히 쫓겨난 스튜어트 왕가가 조지 2세를 축출하고 왕권을 되찾으려 했던 제임스 2세 지지파의 1745년 반란에도 엄청난 관심을 보였다.

1751년에는 필딩이 가장 좋아한 소설 〈아멜리아 *Amelia*〉가 출판되었는데, 이전의 두 작품보다 열등한 것으로 간주되었으나 곧바로 상업적인 성공을 거두었다.

1754년 여름, 통풍, 황달, 수종의 합병증 때문에 건강이 급속히 악화된 필딩은 주치의의 권고에 따라 요양차 포르투갈로 갔지만, 10월 8일, 리스본 인근에서 47세를 일기로 세상을 떠났다. 죽음과 싸우면서 그 마지막 여행을 기록한 〈리스본행 항해일지 *The Journal of a Voyage to Lisbon*〉는 사후에 출판되었다.

저명한 시골 신사 올워디 씨는 미혼인 누이동생 브리짓 올워디와 함께 서머셋셔에서 살고 있었다. 일을 보러 런던에 갔다가 돌아온 올워디는 자기 침대 속에서 갓난아기(톰 존스)를 발견하고 아기의 부모를 밝혀내는 조사에 착수, 제니 존스와 그녀의 가정교사 파트릿지를 찾아내 제니는 고장에서 추방하고, 가난에 시달리던 파트릿지는 스스로 고향을 떠났다. 올워디는 마을사람들의 비난에도 불구하고 사내아기를 키우기로 결심했고, 얼마 후 올워디 저택의 방문객 블리필 대위와 결혼한 브리짓은 사내아기 블리필을 낳았다. 아들이 올워디의 상속자가 되기를 원하며 톰 존스를 미워하던 대위는 미리 엄청난 상속재산을 놓고 몽상에 잠겨 있다가 뇌졸중으로 급사했다.

12년 후. 블리필과 톰 존스는 함께 양육되지만, 집안사람들로부터 받는 대우는 엄청나게 달랐다. 존스를 변함없이 사랑하는 사람은 올워디뿐이다. 두 소년의 가정교사인 철학자 스퀘어와 목사 드웨컴은 성격이 거친 존스는 멸시하고 얌전한 블리필을 눈에 띄게 편애했다. 존스는 올워디의 하인들 가운데 한 사람인 블랙 조지의 가족을 돕기 위해 사과와 오리를 자주 훔치면서 그 비밀을 털어놓자, 블리필은 곧바로 드웨컴과 올워디에게 일러바쳐 존스를 곤경에 빠뜨린다. 존스가 블랙 조지를 돕는다는 이야기를 전해들은 마을 사람들은 존스를 칭찬하고, 블리필의 비열한 행동을 비난했다.

존스는 올워디의 이웃 지주 웨스턴과 함께 지내는 시간이 많았다. 웨스턴이 존스의 사냥 솜씨에 반했기 때문이다. 웨스턴의 딸 소피아는 존스를 사랑하게 되지만, 가난해도 구김살 없는 블랙 조지의 딸 몰리 시그램을 마음에 두고 있는 존스는 몰리가 임신했을 때 아기 아버지라고 밝혀 감옥에 가지 않도록 막아주었다. 처음에는 소피아의 아름다움과 매력을 알아보지 못했던 존스는 소피아를 사랑하게 되면서 몰리와의 관계를 후회하지만 성실하게 역할을 다하다가 몰리가 여러 사내와 관계한 사실을 알게 되자 비로소 소피아에 대한 감정을 고백할 자유가 생긴다.

중병에 걸려 가족과 친구들을 병상 앞에 부른 올워디는 존스에게도 재산의 일부를 남기지만 대부분은 블리필에게 물려주었다. 드웨컴과 스퀘어는 각각 1,000파운드씩을 약속받자 매우 언짢아했다. 존스는 올워디를 몹시 걱정하며 병상 곁을 지켰다. 변호사 다울링이 찾아와 블리필에게 브리짓 올워디의 사망 소식을 전했다. 올워디가 살아날 것이라고 의사가 선언하자 몹시 기쁜 나머지 만취한 존스는 '사생아'라 못된 행동을 한다며 나무라는 블리필을 두들겨 팼다. 그 후, 산책을 나갔던 존스는 우연히 몰리를 만나 육체 관계를 가졌다.

소피아가 어릴 때 오랫동안 함께 생활했던 웨스턴 부인이 오빠의 집을 방문했다. 남매는 끊임없이 싸우면서도 소피아를 블리필에게 시집보내려는 부인의 계획에는 뜻을 같이했다. 부인은 소피아가 블리필의 청혼을 수락하면 톰에 대한 소피아의 사랑을 오빠에게 폭로하지 않겠다고 약속했다. 블리필의 거짓말에 넘어간 올워디는 소피아가 블리필을 사랑한다고 믿었다. 소피아가 블리필의 청혼을 강력히 거부하자, 웨스턴은 딸에게 폭력을 휘둘렀다. 존스는 '외삼촌이' 사경을 헤맬 때 만취해 흥청거린 나쁜 인간이라고 블리필이 고자질하자, 올워디는 존스를 집에서 내쫓았다. 존스는 소피아 곁을 떠나고 싶지 않았지만, 어쩔 수 없이 고향을 등졌다.

지방을 떠돌던 존스는 브리스톨에서 우연히 파트릿지를 만나 하인을 삼고, 워터스 부인을 강도로부터 구해 쥰 인연으로 잠자리를 갖기 시작했다. 블리필과 결혼하지 않으려고 집에서 도망쳐 나와 같은 여관에 투숙했다가 존스와 워터스 부인의 관계를 알게 된 소피아는 자신의 투숙을 알리기 위해 존스의 침대 위에 토시를 놓고 떠났다. 토시를 발견한 존스는 소피아의 뒤를 쫓기 시작했다. 아내를 찾던 아일랜드인 피츠패트릭과 소피아의 뒤를 쫓는 웨스턴이 그 여관에 당도했다.

소피아는 피츠패트릭의 아내이자 사촌언니 해리엇과 마차를 함께 타고 런던으로 갔다. 그곳에서 소피아는 친척 레이디 벨라스턴의 집에서 지낸다. 곧이어 런던에 도착한 존스와 파트릿지는 밀러 부인과 딸 낸시와 베티, 세 모녀가 사는 집에 거처를 구했는데, 나이팅게일이란 젊은 신사가 하숙하고 있었다. 이내 나이팅게일과 낸시가 사랑한다는 사실을 알아차린 존스는 임신한 낸시와 결혼하라고 나이팅게일을 설득했다. 소피아의 소재를 은밀히 수소문하는 한편, 레이디 벨라스턴과 육체관계를 갖고 금전적 도움을 받던 존스는 벨라스턴을 떼어내고 소피아와 화해하기 위해 벨라스턴에게 청혼했다. 그러나 소피아와 존스의 사랑을 용납할 수 없는 벨라스턴은 소피아에게 반한 펠라마 경에게 그녀를 겁탈하라고 부추겼다.

얼마 후, 웨스턴 남매, 블리필과 올워디가 런던에 도착했다. 웨스턴은 소피아를 잡아 침실에 감금했다. 피츠패트릭은 아내의 정부라고 의심하는 존스와 결투를 벌였다가 존스의 칼에 쓰러졌다. 파트릿지는 워터스 부인이 존스의 어머니 제니 존스라는 기절초풍할 소식을 갖고 투옥된 존스를 찾아왔다. 워터스 부인이 올워디를 찾아와 피츠패트릭이 생명을 건졌고 결투를 먼저 도발했다고 시인했다면서, 익명의 신사를 위해 일하는 어떤 변호사가 자기를 움직여 존스에게 소송을 제기하도록 부추겼다고 밝혔다. 올워디는 그 익명의 신사를 블리필로 단정 짓고 사실을 확인한 후에 처벌하려고 결심하지만, 존스의 설득에 따라 내쫓는 선에서 마무리했다.

워터스 부인은 올워디에게 그의 누이동생 브리짓 올워디가 존스의 친어머니란 사실을 밝혔다. 중병에 걸린 스퀘어는 올워디가 아플 때 존스가 가장 노심초사했고 명예롭게 행동했다는 내용의 편지를 올워디에게 보냈다. 석방된 존스와 올워디는 조카와 외삼촌으로 다시 만났다. 소피아는 밀러 부인으로부터 존스가 레이디 벨러스턴에게 거짓 청혼한 이유를 듣고 마음이 풀어졌다. 존스가 올워디의 상속자가 되자, 웨스턴은 존스와 소피아의 결혼을 열렬히 환영했다. 결혼한 존스와 소피아는 아들딸과 함께 웨스턴의 영지에서 행복하게 살았다.

● **톰 존스** Tom Jones │ 박애주의자 올워디가 키운 '업둥이.' 소설 제목과 이름이 같은 주인공. 무분별과 방탕 등의 잘못 때문에 완벽한 영웅은 되지 못하지만, 선량한 마음과 관대함이 빛을 발하면서 올워디와 더불어 필딩이 내세우는 덕의 화신이 되고, 수려한 용모와 당당함은 많은 여자들로부터 사랑과 애정을 얻기에 부족함이 없다.

● **소피아 웨스턴** Sophia Western │ 아름답고 너그러운 여주인공이자, 지주 웨스턴의 딸. 가난한 사람들에게 아낌없이 베풀고 모든 계층의 사람들을 공손하게 대하는 모습을 보고 어느 여관의 안주인은 '신사 가문 출신의 아가씨'란 사실을 믿지 못한다. 톰에 대한 사랑, 아버지에 대한 효도, 블리필에 대한 증오를 용기와 인내심으로 조화시키는 몸에 밴 예의는 고모 웨스턴 부인의 가식적인 예절과 대비된다.

● **올워디 씨** Mr. Allworthy │ 지주이자 치안판사이며, 이름이 암시하듯 '모든 것이 존경받을 만한(all worthy)' 인물. 관대하고 박애적인 행동으로 영국 전역에서 명성이 자자하다. 이 소설의 도덕적 잣대이며, 유일한 결점(얄궂게도 이

결점이 줄거리의 대부분을 진전시킴)이라면 너무 착한 나머지 다른 사람들의 사악함을 알아차리지 못한다는 것이다.

● **블리필 도련님** Master Blifil | 톰 존스의 경쟁자이자, 브리짓 올워디와 블리필 대위의 아들. 처음에는 고결한 인물로 보이지만, 오래지 않아 위선이 자연스레 드러난다. 얌전하고 규율을 지키는 체하지만, 탐욕에서 헤어나지 못하는 것. 명예를 만회할 만한 자질이 거의 없기 때문에 소설의 끝부분에서 존스의 출생을 비밀로 간직하고 있던 사실이 밝혀지면서 존스가 그에게 베푸는 동정심이 더욱 돋보인다. 인간의 자연스런 욕구 결여—처음에는 소피아를 원하지 않음—때문에 고결한 인물로 두드러지는 것이 아니라, 인간에게 열정이 없으면 얼마나 암담한 모습이 되는지를 보여준다.

● **대지주 웨스턴** Squire Western | 조잡하고 보수적인 시골 신사를 희화화한 인물. 딸에 대한 무한 애정을 내세워 욕설, 폭행, 감금을 통해 자기 욕심을 채우려는 인물이지만, 탐욕보다는 완고한 성격과 전통에 대한 집착이 강하기 때문이다. 희화적으로 묘사된 인물이기 때문에 필딩은 독자가 그의 행동을 가혹하게 판단하도록 유도하려는 의도는 없다.

● **웨스턴 부인** Mrs. Western | 웨스턴의 누이동생이며, 언

제나 편한 쪽으로 행동하는 가식적인 도시 귀부인을 희화한 인물. 정치, 철학, 여권신장, 연애 등, 모든 분야의 지식에 정통하다고 자부하지만, 소크라테스가 대화식 토론 대신 학생들에게 강의를 했다고 생각하는 등, 많은 무식을 드러낸다. 유일한 목표는 가능한 한 가장 부유하고 가문 좋은 신랑에게 조카딸 소피아를 시집보내 웨스턴 가문의 명성을 높이는 것.

● **파트릿지** Partridge | 올워디가 존스의 아버지라고 지목한 교사이자, 나중에 존스의 충직한 하인이 된다. 일종의 어릿광대 같은 인물이며, 실수를 일삼고 귀신을 아주 무서워하는 겁쟁이. 엉터리 라틴어를 즐겨 구사하며, 만나는 사람마다 존스와 소피아에 대해 떠벌려 두 사람에게 많은 문제를 일으키지만, 항상 선의에 따라 행동한다는 것을 알고 있는 존스는 미워할 수가 없다.

● **제니 존스(워터스 부인)** Jenny Jones(Mrs. Waters) | 파트릿지의 하녀이자 제자. 존스의 어머니로 지목되어 마을에서 쫓겨나지만, 소설 끝부분에서 존스의 어머니가 아니란 사실이 밝혀진다. 존스가 강도들로부터 구출해 주는 업턴에서 워터스 대위의 아내 워터스 부인으로 재등장하고, 피츠패트릭과도 동거한다. 미모가 뛰어나지는 않지만, '탐스

럽고 새하얀 젖가슴'으로 존스의 마음을 흔들어놓는다. 소설 끝부분에서 올워디에게 성실한 인생을 살았다고 주장하지만, 업턴에서 존스를 유혹한 행위는 주장과는 다르게 생활했다는 암시다. 웨스턴의 친구인 교구 목사 서플과 결혼한다.

● **브리짓 올워디** Bridget Allworthy | 올워디의 누이동생이자, 존스와 블리필의 어머니. 여자다운 매력이 없고 미인들에게 나쁜 감정을 품고 있다. 그녀의 종교적 견해를 치켜세우는 블리필 대위와 결혼한다. 블리필과 존스가 성장할 때는 애정이 오락가락하지만, 죽기 전에는 잘 생기고 예의 바른 존스에게 정성을 쏟는다.

● **레이디 벨라스턴** Lady Bellaston | 소피아의 친척인 런던 귀부인. 열정이 넘치고 이기적이기 때문에 갖가지 음모를 꾸민다. 성(姓) 가운데 일부인 '벨라(Bella-)'는 '전쟁'을 뜻하는 라틴어이며, 악의적 성격을 암시한다. 존스와 소피아의 관계를 알면서도 존스에게 이끌려 육체관계를 맺고 금전적 지원을 하며, 질투 때문에 존스와 소피아의 결합을 막으려고 애쓴다.

● **해리엇 피츠패트릭** Harriet Fitzpatrick | 소피아의 사촌

언니이자, 피츠패트릭의 아내. 아름답고 매력적이지만, 이
기적이다. 웨스턴 남매의 호감을 다시 얻기 위해 소피아에
게 불리한 음모를 꾸민다.

● **피츠패트릭 씨** Mr. Fitzpatrick ｜ 성질 급한 아일랜드인.
해리엣 피츠패트릭은 자기를 쫓고 있는 도깨비 같은 인간
으로 묘사하지만, 소설의 끝부분에서 존스에게 결투를 도발
했다가 존스의 칼에 찔린다. 나중에 사건의 전말을 밝혀 존
스의 석방에 일조한다.

● **다울링 씨** Mr. Dowling ｜ 빈틈없고 교활한 변호사로 항
상 편의에 따라 행동한다. 블리필이 자신의 노력에 대한 보
상을 해줄 수 없다는 사실을 알게 되자, 올워디에게 존스의
친어머니에 얽힌 진실을 밝힌다.

● **밀러 부인** Mrs. Miller ｜ 낸시와 베티의 자상한 어머니.
가난한 사촌을 도와주고 딸의 결혼 문제를 해결해 주려고
노력한 존스의 됨됨이를 경험한 이후부터 여러 단점에도
불구하고 전폭적인 지지자가 되며, 올워디 앞에서 가장 강
력하게 존스를 옹호한다.

● **나이팅게일** Nightingale ｜ 의리와 동정심이 남다른 도시

신사. 진정 사랑하는 낸시와 결혼을 약속하고 임신까지 시켰지만, 체면과 자식의 도리 때문에 아버지가 정해 준 여자와 결혼하려다가 존스의 설득에 따라 마음을 고쳐먹고 낸시와 결혼한다. 존스가 살인 혐의로 감옥에 갇혔을 때, 석방을 위해 열심히 뛰어다닌다.

● **펠라마 경** Lord Fellamar | 소피아에게 열렬히 구혼하는 귀족. 처음에는 레이디 벨라스턴의 음모에 얽혀 소피아를 겁탈하려 했지만, 나중에 그 잘못을 보상하기 위해 존스의 석방에 결정적 역할을 한다.

● **스퀘어** Square | 올워디의 저택에 거주하는 철학자. 철학적 관념을 왜곡시켜 몰리 시그림과의 동침 등을 정당화한다. 사사건건 드웨컴과 충돌하지만, 덜 사악하다. 임종이 가까워지자, 과거를 회개하고 존스에 대한 올워디의 오해를 풀어준다.

● **드웨컴** Thwackum | 존스는 매로 다스리고, 블리필은 칭찬하는 가정교사. 종교를 가장 중시한다고 주장하지만, 결국 개인적 이익만 추구한다.

● **몰리 시그림** Molly Seagrim | 존스를 유혹하는 블랙 조지의 말괄량이 딸. 원기왕성하고 적극적이며, 남자들과 어

울리기를 좋아한다.

● **블랙 조지** Black George | 존스가 아끼는 올워디 집안의 하인. 존스가 잃어버린 거액 어음을 챙기고 거짓말도 하지만, 존스에 대한 기본적인 충성심은 변치 않는다.

● **낸시 밀러** Nancy Miller | 밀러 부인의 딸이자, 나이팅게일의 아내가 된다.

● **화자** Narrator | 작가인 '나.' 역설적이고 참견을 일삼는다. 〈톰 존스〉의 창작 과정에 대해 반추하는 모습을 보면, 필딩 자신이라고 추정할 수 있다.

톰 존스

불완전하고 '인간적인' 주인공이며, 필딩 자신의 덕의 철학을 대변하는 인물. 필딩은 대다수 동시대인들의 도덕에 관한 철학적 해석과는 달리, 몰리 시그림, 워터스 부인, 레이디 벨라스턴과 갖는 존스의 육체관계가 그의 성격에 나쁜 영향을 끼쳤다고 암시하지 않고, 오히려 여자의 관심에 반드시 부응하는 여성존중 예법의 원칙에 충실한 것이라고 칭찬하는 듯하다. 소피아와의 관계를 포함한 존스의 모든 애정관계는 여자 쪽에서 먼저 시작하는 점이 흥미로운데, 색을 밝혀 타락했다는 비난으로부터 존스를 변명해 주는 필딩의 방식이다.

세다가 존스의 연인들 가운데 공격적이고 여자답지 않은 시골 처녀와 두 중년 여성을 포함시킨 사실은 동기가 다양하다는 암시이고, 자신이 유혹할 때조차 먼저 유혹당해 마지못해 넘어가는 척하기를 바라는 여자들의 욕구를 만족시킨다. 소피아 때문에 몰리를 버리려 하지 않고, 레이디 벨라스턴에 대한 의무 때문에 괴로워하면서도 아라벨라 헌트—헌트(Hunt) 부인의 성은 존스가 사냥꾼보다는 사냥당하는 경우가 많다는 사실을 강조—의 구미 당기는 청혼을 거절한 것은 방탕한 생활방식이 고쳐졌고 소피아와 결혼할 의사가 있다는 암시다. 성실하고 정중한 태도는 여자들뿐만 아니라 남자들과의 관계에서도 나타난다.

소피아 웨스턴

이상적인 여성을 대표하며, 따라서 가급적 익명성이 유지되는 우화적 인물. 예를 들어, 화자는 소설이 시작될 때 그녀의 외모와 성격을 구체적으로 상세히 설명하지 않고, 소설이 끝날 때까지도 그 이상으로 알려지는 것이 없다. 고집 센 아버지로부터 도망치려는 결심은 담력과 용기를 암시하지만, 실제로는 도주 이외에 거의 아무 일도 하지 않는다. 여자이자 순종적인 딸의 모습에 걸맞게 행동해야 하고, 먼저 존스를 사랑하지만 체면 때문에 다가가지 못하고, 아버지의 폭력에도 거의 저항하지 않는 것.

소설 끝부분에서 남자의 순결을 부르짖는 여성들의 대변인이 되어 얄궂게도 존스를 훈계하며 그들의 결혼과 희극적 구성의 실현에 마지막 장애물을 제공한다. 그녀의 관대함과 거짓 없는 예의는 존스, 올워디와 함께 덕에 관한 필딩의 시각을 대표한다. 폭력적이고 일방적인 시골 아버지와 달리 예의범절이 깍듯하고, 계산이 빠른 고모 웨스턴 부인과 달리 진실하기 때문에 시골과 도시의 가장 좋은 점을 겸비했으며, 톰처럼 친절하면서도 정조를 지키고, 올워디처럼 관대하면서도 단점에 눈을 감지 않는다.

올워디

이름이 암시하듯, 역시 우화적인 부류의 인물. 성격은 아무런 극적 변화를 겪지 않기 때문에 연극적 희극의 전형적인 고정인물들에게서 발견되는 일관성과 안정성을 갖고 있다. 필딩의 도덕적 잣대이자, 정의와 자비의 궁극적 시혜자로서 거의 신 같은 역할을 담당하지만, 여전히 잘못된 판단을 내리는 인간에 불과하다. 조카 블리필의 사악한 음모와 드웨컴의 교활함을 눈치 채지 못하는 실수—예를 들면, 톰 존스를 집에서 내쫓는 것—는 줄거리를 전개시킨다.

블리필

톰 존스의 경쟁자이자, 외삼촌 올워디를 돋보이게 만드는 인물. 이타심이 지나칠 정도인 올워디와 대조적으로 사악하게 행동할 뿐만 아니라 악행을 달콤한 위선으로 감춘다. 여러 범죄행위가 밝혀져 집에서 내쫓기게 되었을 때, 눈물을 흘리는 것은 참회가 아니라 두려움 때문이다. 나중에 부유한 여자와 결혼하기 위해 편의상 감리교로 개종한다. 전혀 개전의 정이 없는 악한이며, 올워디가 보여주는 일관된 선의 정반대편에 위치한다. 필딩은 존스의 지나친 '동물적 충동'을 용서하고 존스가 규정하는 사랑을 뚜렷이 부각시키기 위해 블리필의 열정 결핍을 이용한다. 독자가 블리필의 정조에 감복하지 않는 이유는 그것이 소피아의 재산에 대한 욕심과 존스를 능가하겠다는 욕망에 기인하기 때문이다. 육체적 쾌락이 진정한 사랑의 필수부분이라는 필딩의 주장은 존스의 바람기가 블리필의 정조와 대비되면서 더욱 정당화된다. 존스와는 어머니가 같은 형제.

주제, 모티프, 상징

| 주제 |

문학작품에서 전체 내용을 관통하는 근본적이고 포괄적인 생각.

생각보다는 행동으로서의 덕

필딩은 스퀘어와 드웨컴 같은 인물들이 중시하는 덕의 개념을 존스와 올워디가 실천하는 덕과 대비시킨다. 위험에 빠진 여자들을 구하고 조국을 위해 입대할 계획을 세우는 적극적인 영웅 존스는 필딩이 높이 평가하는 덕을 적극적으로 구현한 화신이다.

천편일률적인 분류의 불가능성

필딩의 소설은 수많은 경계선의 파괴를 시도한다. 필딩은 자신의 소설이 장르 면에서 "철학적 사극"인지 "낭만소설"인지 "서사 산문시"인지 결정을 내리지 못하지만, 이처럼 혼란스러운 심사숙고를 통해 소설 분류는 어리석은 행위이자 자신을 '새로운 창작 영역의 창시자'로 생각하고 싶어하는 속내를 교묘히 드러낸다.

고정관념을 깨는 또 다른 사례는 등장인물들이 남성 또는 여성다운 특징에 의해 구분되지 않고, 똑같이 싸움도

하고 울기도 한다는 점이다.

예술과 기교 사이의 긴장

화자는 등장인물들이 지닌 자연스런 예술의 가치를 옹호하면서도 정작 자기 소설의 구성에서는 기교를 사용한다. 예를 들면, 독자에게 다음 장의 내용을 암시하면서 마무리하거나 특정 장면을 생략하겠다고 경고하는 것. 이 같은 방식을 통해, 화자는 독자가 의혹을 잠시 멈춘 채 이야기의 '예술'에 항복하지 않도록 만들고, 대신 필딩은 독자가 구성의 진행 과정을 되돌아보고 재음미하도록 끊임없이 유혹한다.

| 모티프 |

작품의 대표적인 주제들과 관련하여 전체에 통일감을 주는 것으로, 되풀이되는 구조나 대비, 또는 문학적 장치, 등.

음식

화자는 집필 과정을 독서, 사랑, 전쟁의 진행 과정과 결부시켜 이 모티프를 끄집어낸다. 이를테면, 자신을 독자에게 잔치 음식을 제공하는 식당 주인이라고 언급하며 소설을 시작하고, 나중에 욕정을 '크고 흰 고깃덩어리에 대한 식욕'이라고 정의하는 것.

여행

이 소설을 음식에 관한 언급으로 시작한 화자는 자신을 독자의 동료 여행자로 설정한 여행을 언급하며 끝을 맺는데, 여행 모티프의 정점을 의미한다. 등장인물들이 시골에서 도시로 여행할 때, 화자는 자신이 여행을 꾸준히 계속하지 않고 마음대로 서둘거나 속도를 늦춘다고 말하면서 자신을 동료 여행자 속에 포함시킨다.

법

화자는 자신과 등장인물들의 발언에 법률용어를 삽입한다. 예를 들면, 사소한 집안 문제로 오빠와 다툰 웨스턴 부인은 화해를 '조약'의 체결이라고 말하는 것. 이 같은 사례들은 실제로 하찮은 사건들을 부풀리기 위해 전문용어를 사용하는 화자의 과장 기교를 드러내지만, 올워디와 웨스턴이 치안판사이고, 존스를 해치려는 음모에서는 변호사 다울링이 중요한 역할을 하기 때문에 이 모티프는 진짜인 경우도 있다.

무대

이 소설은 어떤 면에서 '문학적'이기보다는 '연극적'이기 때문에 필딩이 끊임없이 극장을 언급하는 점에 주목할 필요가 있다. 이 모티프는 필딩이 등장인물들을 '배우'로 생각한다는 사실을 일깨워주지만, 등장인물들에 대해 상세한 시각적 묘사를 제공하지 않는 점은 연극적 모티프를 다소 손상시킨다. 분명한 점은 필딩이 연극의 시각적 세계와 산문소설의 글말 사이를 시계추처럼 오가고 싶어한다는 것이다.

| 상징 |

추상적인 관념이나 개념을 표현하기 위해 사용하는 사물, 기호, 인물, 색, 등.

소피아의 토시

소피아가 직접 나타날 수 없는 상황에서 그녀의 존재를 대신하는데, 그것에 이름을 적어 존스의 침대 위에 남겨두고 떠난다는 점에서 명백히 드러난다. 존스와 소피아가 모두 토시에 입을 맞추는 모습은 비록 몸은 떨어져 있으되 서로 친밀감을 느끼도록 해주는 물건이란 뜻이다.

Book별 정리 노트

Book 1

1장

작가인 화자는 '나를' 식당 주인, 독자를 손님으로 설정한다. 따라서 자신이 먹는 것―소설―에 대해 돈을 내고 만족감을 느끼고 싶은 독자라면 주인이 각 권과 각 장의 시작 부분에서 소개 글의 형식으로 제공하겠다고 약속한 차림표를 신중히 검토해야 한다. 여기서 내놓을 음식은 바로 '인간의 본성'인데, 서가에 넘쳐나는 '낭만소설, 소설, 희곡, 시' 같은 싸구려 문학에서 너무 흔하게 다뤄져 식상할 수도 있겠지만, '작가의 요리솜씨'에 따라 격조를 높일 수 있다. '나는' 수수한 음식에서부터 서서히 고급 요리로 질을 높여 허기진 귀족들의 식욕을 돋우었던 로마 시대의 요리원칙에 따라 독자의 독서 욕구를 충족시켜나갈 작정이다.

2장

잉글랜드 서부지역에 살고 있는 은퇴 신사 올워디 씨

는 자연의 여신으로부터 잘 생긴 외모, 강건한 체질, 분별력, 이타적 성격, 그리고 서머셋셔 군에서 가장 넓은 토지와 저택을 물려받는 축복을 받았다. 5년 전, 올워디의 아름답고 고결한 아내는 어릴 때 죽은 세 자녀의 뒤를 따라갔다. 그러나 올워디는 누구나 가게 될 여행을 아내가 조금 먼저 떠났을 뿐이고 조만간 이별 없는 세상에서 다시 만날 것이라고 확신하면서 유일한 혈육인 서른 살 '노처녀' 누이동생 브리짓 올워디 양과 살고 있다. 브리짓은 미모보다는 성품이 돋보이는 여자이고, 행동거지가 신중했다.

3장

2장의 설명을 바탕으로 독자는 올워디가 자선이나 베풀며 살았다고 생각할 수도 있다. 그러나 만약 그랬다면, '나는' 서사시만큼 긴 작품을 창작하기 위해 시간을 낭비하지 않았을 것이다. 따라서 이 소설에서는 그의 많은 선행이 제공하는 이익과 즐거움, 게다가 몇몇 익살스런 작가들이 '잉글랜드 역사'라고 부른 내용까지도 접할 수 있을 것이다.

늦은 밤, 올워디는 런던에서 3개월간 모종의 중요한 일을 끝내고 저택으로 돌아왔다. 이어 누이동생과 저녁식사를 마친 그는 침대에 들다가 린넨 천에 싸인 채 곤히 잠든 아기를 발견하고 소스라치게 놀랐지만, 이내 동정심이 우러나 하녀 드보라 윌킨스 부인을 불러오게 하고는 예쁜 아기를 들여다보며 감탄했다. 잠시 후, 달려온 윌킨스 부인이 '사악한 계집년들'의 처신에 분개하면서 아기를 교회 앞에 버리라고 조언하는 동안, 아기는 고사리 같은 손으로 올워디의 손가락을 움켜쥐고 마음을 사로잡았다. 올워디가 아기를 그녀의 침실로 데려가 죽을 먹이고 적당한 옷가지들을 준비하라고 지시하자, 윌킨스 부인은 더 이상 토를 달지 않고 아기를 안고 나갔다.

4장

올워디 씨의 고딕식 저택은 잔디밭과 초원, 참나무 숲 너머 바다까지 펼쳐진 소유지 안의 언덕 위에 자리 잡고 있다. 5월 중순 어느 날 이른 아침 산책길, 올워디는 아름다운 풍경을 둘러보며 "어떻게 하면 창조주의 피조물들에게 가장 큰 선행을 베풀어 창조주께 가장 바람직한 인간이 될 수 있을지"에 대해 명상했다. 아침식사 시간, 올워디가 선물이 있다며 아기를 건네주자 브리짓은 아연실색하고 온갖 비난과 욕설을 쏟아내면서도 아기에게는 동정심을 내보였다. 윌킨스 부인은 아기 엄마를 색출하기 위해 하녀들을 모두 조사한 후, '무죄방면'했다. 오빠의 청에 따라 아기는 브리짓이 맡았다.

5장

브리짓은 월킨스 부인의 무릎 위에서 잠든 아기를 뚫어지게 바라보다가 '예쁘다'며 입을 맞추고, 아기에게 '필요한 물품들'을 준비하라는 지시와 함께 아주 좋은 방 하나를 육아실로 지정했다. 그러나 오빠가 아기의 입양으로 죄악을 부추긴다고 빈정댄 다음의 일이다.

6장

월킨스 부인은 아기 엄마를 찾아내기 위해 서둘러 교구 마을로 가는데, '상전에게는 양처럼 순하고 힘없는 사람들에게는 늑대 같은' 그녀의 방문을 달가워하는 마을 아낙네는 없었다. 월킨스 부인은 나이와 생김새가 비슷한 50대의 마을 여인을 찾아가 머리를 맞대고 마을 처녀들에 대해 따져보다가 제니 존스를 범인으로 지목했다.

미모는 뛰어나지 않지만 '이해력'을 타고난 제니는 교사의 하녀인데, 재능과 열의를 발견한 주인의 가르침으로 라틴어를 구사했고, '같은 연령의 남자 못지않은 지식을 가졌으나' 다소 시건방진 태도 때문에 시샘과 악감정을 샀다. 동네 여인이 업둥이 엄마의 혐의를 씌운 것도 같은 맥락이다. 게다가 최근에는 제니가 브리짓을 간호하기 위해 여러 날 올워디 씨의 저택을 방문했던 사실도 월킨스 부인의 의심을 부추겼다.

월킨스 부인의 호출을 받은 제니는 아기 엄마라고 자

백하고 뉘우치는 모습을 보였지만, 월킨스 부인은 '뻔뻔한 매춘부'라며 주변에 모여든 구경꾼들의 장단에 맞춰 더욱 심하게 나무랐다.

월킨스 부인이 의기양양하게 돌아와 그 소식을 전했다. 돈을 조금 쥐어주고 이웃 부목사와 결혼시켜 제니의 자기 계발을 보상키로 마음먹었던 올워디는 크게 놀랐으나 제니 를 감옥으로 보내는 대신, 훈계하기 위해 월킨스 부인을 보 내 데려오게 했다.

7장

제니를 서재로 데려간 올워디 씨는 '치안판사로서' 비 정한 엄마들처럼 아기를 버리지 않고 '내게' 양육을 맡긴 판단을 높이 평가한 다음, 음탕한 자들이 경시하는 정조를 더럽힌 죄는 그 자체로 가증스럽고 결과도 아주 무섭다— 주변사람들로부터 버림받고, 몸과 영혼도 파멸시킨다—며 일장연설을 늘어놓는다. 하등동물처럼 욕망을 위해 사랑이 란 핑계로 고귀한 심성과 재능을 희생시킨다면, 인간의 존 엄성과 자존심이 결여된 여자가 분명하다. 이성을 지닌 여 자라면, '진정한 사랑' 운운하며 여자를 인생의 패배자로 만 드는 사내는 '철천지원수'이자 몸과 정신까지 망치려 드는 사기꾼으로 간주해야 한다. 이 훈계는 돌이킬 수 없는 과거 의 일에 대해 모욕을 주려는 것이 아니라 앞으로는 착하고 정숙하게 살도록 경계로 삼고 용기를 북돋아주려는 것이다.

이어 아기 아버지의 이름을 물은 올워디는 제니가 이름을 밝히지 않기로 '종교적인 맹세'뿐만 아니라 엄숙하게 약속까지 했다며 묻지 말라고 간청하자, 호기심 때문이 아니라 그에게 벌을 주거나, 적어도 호의는 베풀지 않기 위한 것이라고 재차 물었지만 올워디의 '권한 밖에 있는 사람'이란 대답을 들었다.

8장

올워디 씨와 제니의 대화를 엿들은 브리짓과 윌킨스 부인은 말다툼을 벌였다. 부인은 '주인님께서' 제니를 더욱 엄하게 다그쳐야 했다며 직접 '아기 애비'의 이름을 알아내겠다고 떠벌였고, 브리짓은 다른 사람들 일에 간섭하지 말라면서 죄를 고백한 제니의 진정성과 신의를 칭찬하고, '나쁜 놈의 꾀임에 빠진 것'이 분명하다고 두둔했다. 언제나 '두 주인'과 의견이 같은 부인은 재빨리 말을 바꿔 '착하고 수수한 처녀애'라고 칭찬했다.

9장

제니가 감옥에 가지 않고 추방된다는 사실을 알게 된 마을사람들은 제니에게 욕을 퍼부었고, 그녀가 떠나자 올워디 씨가 아기 아버지라는 악의적 소문이 퍼졌다. 그러나 장담컨대, 올워디는 과거는 물론 앞으로도 범죄를 저지를 위인이 결코 아니었다.

10장

올워디 씨는 '유능한 사람, 재능과 학식을 두루 갖춘 사람'을 좋아했지만, 모든 방문객들에게 저택을 흔쾌히 개방했다. 그 방문객들 가운데 아버지의 강요로 '의술'을 공부한 닥터 블리필을 각별히 생각했는데, '다른 사람들의 어리석은 행동이나 악행'으로 인해 불행해졌기 때문이었다. 의사라는 직업을 몹시 싫어한 닥터 블리필은 개업한 적이 없기 때문에 '나이 마흔'에도 무일푼이었으나 '대단해 보이는 신앙심'이 브리짓의 관심을 끌게 되면서 특별한 '공감'을 바탕으로 연정이 싹텄다.

모든 공감은 사랑을 잉태하는 경향이 있으나 '우리의 경험'에 비춰보면, 이성간의 종교적 공감이 가장 강력한 힘을 발휘한다.

브리짓과 닥터 블리필의 교제에는 장애물이 하나 있었다. 그가 10년 전 결혼한 기혼자라는 것. 따라서 그는 브리짓과 동생을 맺어주기로 결심했다. 그 이유를 추측컨대, '형제애가 돈독하지 않은' 그는 사악한 인물이거나, 부유한 숙녀를 '도둑질하는 일'에 공범이 되고 싶거나, 아니면 동생의 결혼을 통해 자신의 위상이 대리상승하기를 바라는 것 같다.

블리필 대위는 형의 연락을 받은 직후에 올워디의 저택을 찾아왔다. 서른다섯 살에 균형 잡힌 체격을 가진 대위의 이마에는 칼자국이 있고, 행동은 세련되지 않았지만 '어느 정도' 품위와 재치도 갖추고 있었다. 아버지는 아들이 사제가 되기를 원했으나 서품 전에 사망하자 군인이 되었다가 상관과 다투고 전역한 이후에는 지방에서 성경 연구에 전념했고, 올워디의 소유지에 도착한 지 불과 일주일 만에 '성녀 같은 성품을 지닌' 브리짓에게 깊은 인상을 주면서 형의 바람을 충족시키기 시작했다.

11장

브리짓은 대위에게 홀딱 반했는데, 겉모습과 무가치한 것에 관심을 쏟는 소녀들과 달리 대화에서 커다란 매력을 느꼈다. 마찬가지로 덧없는 육체적 매력보다는 안락한 생활을 보장할 브리짓의 배경을 선호했던 대위도 이미 형이 결혼을 제안한 순간부터 올워디 씨의 재산과 사랑에 빠졌으나 올워디가 가난뱅이와의 결혼을 허락하지 않을 것이라고 지레 우려한 나머지 구애 사실을 감추려고 노력했다. 브리짓은 그녀의 속내를 훤히 꿰뚫고 있는 대위의 청혼을 형식적으로 두어 차례 거부하다 받아들였다.

12장

　　동생과 브리짓의 결혼 소식을 알리는 일을 맡은 닥터 블리필은 올워디 씨에게 동생과 브리짓을 빗대어 남자의 이기심과 여자의 방탕에 관한 이야기를 늘어놓았다. 올워디는 결혼이란 육체적 매력과 재정적 관심사를 완전히 무시할 수 없지만, 그 두 가지가 유일한 바탕이 되어서도 안 되며 오직 사랑에 근거해야 한다면서 그 결혼을 받아들였다.

13장

　　블리필 대위는 나중에 브리짓과 그녀의 재산을 소유하게 되자 누구나 알 수 있을 만큼 형을 아주 멸시했다. 올워디 씨는 과거에 받은 마음의 상처 때문에 형을 절대 용서할 수 없다는 대위의 고백을 듣고 마음을 고쳐먹으라고 단호하게 충고했다. 그 후, 사람들 앞에서는 다정하게 대하면서도 단둘이 있을 때는 여전히 멸시하는 동생에게 닥터 블리필이 사정해 보지만, 불만이 있으면 떠나라는 대꾸가 돌아왔다. 닥터 블리필은 모든 사실을 폭로하려다가 덩달아 자신의 죄까지 밝혀지면 올워디가 분노할 것이 두려워 동생에게 작별을 고했고, 사정을 모르는 올워디는 형제의 화해를 만족스러워했다.

　　'내가' 알아보니 자만심 강하고 잔인한 심성을 지닌 대위는 오래 전부터 자기보다 지능이 높고 학식이 뛰어난 형에게 악감정을 품고 있었다. 질투심이 경멸감과 뒤섞이고, 거기에 소위 의무감까지 더해지면서 고마움보다는 분노가 생겼던 것. 런던으로 갔던 닥터 블리필은 실의에 빠져 지내다 세상을 떠났다.

작가로서의 역할을 돌아보며 제1권을 시작한 필딩은 1장부터 '독자'를 소설 속으로 끌어들여 제3자로 언급하고, 제1권의 나머지 부분에서는 독자에게 직접 말을 거는 돈호법(apostrophe. 頓呼法)을 사용한다. 독자와 작가 사이의 관계 정립에 관한 필딩의 깊은 관심은 그의 글 속에서 나타난다. 즉 새롭게 대두된 문학 형태인 '소설'에서는 읽는 행위가 집단에서 개인적 경험으로 옮겨가고 있다는 것인데, 필딩이 항상 독자 집단이 아니라 단 한 명의 독자에게 말하는 이유를 설명해 준다. 그러나 종종 독자에게는 거의 아무런 힘도 없다는 점을 인식시키기 때문에 필딩의 관심에는 역설이 깔려 있다. 1장에서 화자는 각 장의 시작마다 '차림표'를 제시하기로 약속하지만, 독자는 곧 그 '차림표'가 약속처럼 명쾌하고 유용하지 않다는 사실을 깨닫게 되는 것.

필딩은 독자를 소설 속에 편입시켜 우리들이 작품의 구조와 독서 과정 자체를 되돌아보도록 당부하고, 고전이나

신화의 작가들과 인물들을 집요하게 언급하며 이 소설의
강력한 지적 기초를 상기시키면서도 약간의 역설을 가미시
킨다. 실제로 다양한 창작 양식이 혼합된 모방 작품들을 만
들어 '소설'의 정의(定義)에 의문을 제기하면서 '서가에 넘
쳐나는 낭만소설, 소설, 희곡, 시'에 경멸을 표하고, 3장에
서는 자기 작품이 더욱 훌륭한 '역사' 장르에 위치할 자격
이 있다고 암시하는 것.

그러나 제1권을 끌고나가는 줄거리―올워디의 업둥이
발견, 브리짓과 블리필 대위의 결혼―는 필딩이 음침한 정
치적 역사들을 배격하고, 일련의 개인적 역사를 구축하려는
시도를 통해 '역사'의 개념 자체에 혁명을 일으키려 한다는
암시다. 등장인물들의 심리를 깊이 탐구하는 대신, 역사적
사실처럼 읽히는 등장인물들의 행동과 대화를 충실히 옮기
는 '장면들'을 독자에게 제시하라고 고집하는 것.

Book 2

1장

이 작품은 양적인 충족을 위해 온갖 사소한 내용까지 다루는 역사가를 모방하지 않고 가장 위대한 사건들을 밝히겠다고 공언한 역사저술가들의 방식에 따라 어디에 ‘수고’와 ‘종이’를 바칠 것인지 세심하게 선택하고 저술한 ‘역사이야기’다. 따라서 기간에 관계없이 자질구레한 일들은 건너뛰고 중요한 사건들만 취급할 생각이기 때문에 어떤 장은 하루를 다루고 어떤 장은 여러 해를 다룰 수도 있다. 그렇다고 그 서술법을 비판하면 안 된다. 이 작품처럼 새로운 창작영역을 개척한 ‘나는’ 법칙을 만들어낼 자유가 있기 때문이고, ‘나의 백성’인 독자는 믿고 따라야 한다. 그러나 ‘나는’ 전제군주처럼 독자를 노예나 소유물로 간주하지 않고 독자의 이익을 가장 먼저 고려할 것이다.

2장

블리필 대위와 결혼한 브리짓은 8개월 후에 아들을 조산했다. 올워디 씨는 상속자를 낳았다는 사실이 기뻤으나 대부로서 자기 이름을 따서 토머스라고 이름 지어준 업둥이에 대한 사랑은 여전했다. 브리짓은 아들을 존스와 함께 기르자는 오빠의 제안을 마지못해 받아들였다. 대위는 '죄악의 과실'을 양자로 삼는 일은 그 죄악을 인정하는 것이라면서 반대했지만, 사실은 올워디가 존스에게 쏟는 관심이 싫었던 것이다. 올워디도 무고한 아이들이 부모의 죄악 때문에 벌을 받아서는 안 된다고 반박했다. 브리짓은 몰래 존스를 학대했고, 톰에 대한 오빠의 애정을 비난했다. 호기심 때문이든 아니면 브리짓의 마음에 들기 위한 속셈이든, 어쨌거나 윌킨스 부인은 존스의 아버지를 찾아냈다.

3장

화자는 존스의 어머니 제니 존스와 '현학자' 겸 이발사 파트릿지의 이력을 설명한다. 파트릿지와 올워디 씨의 주방에서 일했던 그의 악처는 결혼한 지 9년이 지났으나 자식이 없었다. 의부증이 심했던 파트릿지 부인은 못생긴 여자들 가운데서 하녀들을 직접 골랐는데, 제니 존스도 그 중 하나였다.

어쨌든, 파트릿지 부인은 특히 얼굴이 '정조대'이고 겸손한 제니를 아무 의심 없이 남편에게 교육받도록 호의까지 베풀었으나 대략 4년이 지난 어느 날, 저녁 식탁에서 라틴어로 '술을 조금 달라'는 남편의 말에 제니가 미소를 짓자 죄가 입증되었다고 단정하고 칼을 집어 들었다. 제니는 놀라 방에서 뛰쳐나갔고, 파트릿지는 앉은 채 벌벌 떨었다. 그날 밤, 부인은 결백을 주장하는 제니를 내쫓았다. 수수방관하던 파트릿지는 아내와 잠자리를 갖고 부부관계를 회복했으며, 내심으로는 자신의 지적 수준을 능가하기 시작한 제니의 해고를 반겼다.

4장

　파트릿지 부인은 남편에게 아낌없이 애정을 표현했지만, 폭풍 전야의 고요였다. 부인이 모든 마을 소식의 본거지인 잡화상에서 제니가 두 번째 사생아를 출산했다는 소문을 들었기 때문이었다. 제니를 내쫓은 지 9개월이 안되었기 때문에 남편이 아기 아버지가 틀림없다고 단정한 부인은 집으로 돌아가 남편을 물고 때리고 할퀴었다. 파트릿지가 거의 무방비상태로 당하며 아내를 진정시키려고 애쓰는 동안, 부인의 나이트캡이 벗겨지고 코르셋이 뜯겨져 젖가슴이 드러났다. 이어 부인은 마음이 가라앉자 눈물을 흘리다 기절했다. 깜짝 놀란 파트릿지는 거리로 뛰어나가 아내를 도와달라고 외쳤다. 안정을 되찾은 부인은 남편이 무자비하게 폭행했다며 모략했다. 파트릿지는 말을 잃었고, 마을 아낙네들은 죄를 인정한 것으로 여기고 요란하게 성토했다.

5장

파트릿지가 아내를 폭행했다는 소문이 리틀 배딩턴 교구에 퍼졌다. 어떤 사람들은 그가 바람을 피웠다고 말했고, 어떤 사람들은 부인에게 죄가 있다고 생각했다.

머지않아 주인이 될 가능성이 농후한 블리필 대위의 비위를 맞추느라 여념이 없는 윌킨스 부인은 톰에 대한 올워디 씨의 애정을 누그러뜨릴 정보를 찾다가 파트릿지가 '업둥이의 애비'란 소문을 듣고 알렸지만, 주인을 배신하는 하녀와 손을 잡는 것이 꺼림칙한 대위는 보답은커녕 그녀를 질책하면서도 기회가 생기면 그 소문을 이용하기로 마음먹었다.

윌킨스 부인은 올워디뿐만 아니라 톰에 관한 의견 차이로 관계가 소원해진 블리필 부인에게도 비밀을 고하지 않았다. 대위는 올워디와 '자선'의 의미에 관해 토론하면서 '자선'은 실제로 '파트릿지 같은 쓸모없는 작자' 몇몇에게 돈을 나눠주는 행위보다는 인간애와 공평무사함처럼 모든 인류에게 확장될 수 있는 더 고귀하고 광범위한 덕목이라고 주장하는 반면, 올워디는 재물을 나눠 고통을 분담하는 것이 필요하다고 생각했다. 대화가 끝날 무렵, 올워디는 파트릿지가 누구인지 물었고, 대위는 존스의 아버지라면서 윌킨스 부인에게 들은 말이라고 대답했다. 올워디는 윌킨스 부인을 불러 그 사실을 확인한 다음, 사실의 진위를 파악해 오라며 배딩턴으로 보냈다.

6장

올워디 씨는 파트릿지가 범인이란 소식에 충격을 받았고, 추가 정보를 알아보기 위해 보냈던 윌킨스 부인은 이웃 사람들로부터 그 사실을 확인하고 돌아왔다. 올워디는 죄인을 직접 심문하고, 방어의 기회를 주기로 결정했다.

파트릿지 부부가 판사석에 앉은 올워디 앞에 섰다. 올워디는 먼저 파트릿지 부인을 심문했고, 남편이 자신의 죄를 자백했다는 말을 들었다. 이어 파트릿지가 아내의 강요에 의해 억지 자백을 했다며 무죄를 주장하자, 부인은 남편이 수많은 여자들과 바람을 피웠다며 지난 악행을 줄줄이 읊어댔다. 현명하게도 영국법은 아내의 증언은 남편에게 유리하든 불리하든 인정하지 않았다. 파트릿지는 제니가 그의 결백을 증언할 수 있도록 허락해 달라고 간청했다.

사흘 후, 제니를 데리러 갔던 심부름꾼은 제니가 모병 장교와 떠났다는 소식을 전했다. 올워디는 '그토록 헤픈 여자'의 증언은 신뢰할 수 없다며 유죄를 인정했다. 후원금이 끊긴 파트릿지 부부는 이름 모를 기독교인의 지원을 받아 겨우 생계를 유지하다가 얼마 후 부인은 천연두에 걸려 죽었으며, 파트릿지는 마을을 떠났다.

7장

　블리필 대위는 파트릿지는 파멸시켰지만, 존스는 제거하지 못했다. 올워디 씨가 파트릿지에 대한 가혹한 처사를 보상하려는 듯 존스에게 더 많은 애정을 쏟자, 상속분 감소를 우려하는 대위는 아주 불만스러웠다.

　블리필 부부의 결혼생활은 다툼이 잦아지면서 경멸과 증오 관계로 전락했고, 이제 아내의 비위를 맞출 이유가 없는 대위는 사사건건 트집을 잡았다. 지금 그들은 별거보다는 미워하는 배우자를 괴롭히며 더 큰 즐거움을 느끼고 있었다. 올워디는 동생 부부의 불화를 어느 정도 눈치 챘지만, 그 심각성은 몰랐다. 두 사람은 올워디 앞에서는 행동을 조심했는데, 웬만큼의 절제력이 있으면 함께 시간을 보내면서도 남들 모르게 사랑이나 증오를 충분히 즐길 수 있기 때문이다. 즉 사랑한다면 몇 시간이든 표현하지 않고도 참아낼 수 있고, 미워한다면 얼굴에 침을 뱉지 않고도 충분히 미워할 수 있는 것. 올워디는 대위의 결점들을 '알고 있었을 가능성'도 있다. 지혜롭고 착한 친구는 다른 친구들의 결점을 눈치 채더라도 불평하거나 고치려 들지 않고 받아들이기 때문이다.

8장

　블리필 대위는 아내와의 불편한 시간들을 올워디 씨의 재산에 관한 생각들—재산의 가치 계산, 저택과 정원의 개조, 사유지 개량 등—로 보상받았다. 그리고 올워디만 죽으면 즉각 실행에 옮길 태세로 수명, 상속권 등을 다룬 책들을 모두 구해 읽으며 희망에 부풀어 있었다. 그러나 어느 날 저녁, 산책을 나갔던 대위는 올워디의 죽음과 함께 찾아올 행복을 생각하며 희열에 빠져 있던 순간에 얄궂게도 뇌졸중으로 급사했다. 꼭 필요한 만큼의 땅만 차지하고 누운 채.

9장

　당연히 블리필 대위는 저녁 식탁에 나타나지 않았다. 올워디 씨는 종을 울리라고 지시하고 직접 정원으로 나갔으며, 만찬에 참석했던 숙녀는 위로의 말과 함께 포도주를 권하며 블리필 부인을 진정시키려고 애썼다. 올워디가 근심스러운 표정으로 돌아오자, 브리짓은 남편이 살해당했다며 슬퍼했다. 그때 하인이 뛰어 들어와 대위를 찾았다고 소리쳤고, 뒤이어 두 명의 하인이 시체를 들고 들어왔다. 올워디는 눈물을 흘렸고, 브리짓은 비명을 지르다 졸도했다.

　상황이 종료된 이후에 도착한 의사 Y와 의사 Z는 왕진비에 갈음하는 시간을 채우기 위해 사망 원인을 놓고 논쟁

을 벌였다. 브리짓은 한 달간 몸져누웠고, 올워디는 대위의
비석을 주문했다.

화자는 외견상 모든 등장인물들을 존경하는 것 같지만,
좀더 자세히 살펴보면 필딩의 역설적인 태도를 감지할 수
있다. 이를테면, 필딩은 파트릿지를 '교사'가 아니라 '현학
자'라고 묘사하면서 권위를 교묘히 깎아내리고, 등장인물들
의 이름도 기본 성격을 과장하기 위해 이름을 이용하는 18
세기의 풍속에 따른 희화화 기법을 사용하고 있다. 예를 들
면, 올워디는 진정으로 가치 있는 사람이고, 다른 인물들을
평가하는 도덕적 잣대인 것.

그러나 제2권은 다른 사람들의 교활함과 음모를 알아
차리지 못하는 올워디의 최대 결점을 보여주는데, 사악함
보다는 덕에서 연유하는 사소한 결함일 수 있다. 한편, 그
무능은 이 소설의 줄거리 대부분을 진전시킨다. 필딩이 이
처럼 결함을 지닌 인물을 창조한 것은 모순처럼 보일지 몰
라도 '완벽한 인간은 없다'는 화자의 믿음과 일맥상통하며,
19세기에는 시대를 앞선 발상이자, 자기 소설이 도덕지침
서로 읽혀지기를 원했던 새뮤얼 리처드슨 같은 작가들과
필딩을 구별시키는 요소다. 인생을 더욱 정확하게 기록하

고 싶어했던 필딩의 욕구가 불완전한 등장인물들을 창조해
낸 것.

〈톰 존스〉에 완벽한 인물이 없다고 해서 이 작품에 도
덕성이 없다는 의미는 아니다. 사실, 제2권은 업둥이 존스
에 대한 올워디의 친절한 태도에 초점을 맞추고 있다. 다른
등장인물들, 특히 블리필 대위와 윌킨스 부인은 '악덕'을
조장하는 행위라면서, 아기를 맡아 기르겠다는 올워디의 결
정을 비난했지만, 화자는 그 결정을 가장 심하게 비판하는
등장인물들에게 각자의 속셈이 있다는 것을 은근히 폭로한
다. 이처럼 필딩은 독단적이고 권위주의적인 강의보다는 등
장인물들 상호간의 논쟁 형식을 통해 갖가지 도덕 문제를
제기하고 있다.

성경을 인용한 올워디와 대위의 '자선'에 관한 토론은
필딩이 종교보다는 철학을 통해 까다로운 윤리 문제를 해
결하는 쪽에 관심이 있다는 것을 나타낸다. 철학은 다양한
의문을 제기하지만, 확정적인 해답은 제시하지 않는다는 암
시인 것.

Book 3

: 줄거리

1장

'나의 역사'는 사소한 사건들은 건너뛸 것이라고 말했기 때문에 그 기간 동안 일어난 일에 대해서는 독자 스스로 추론하기 바란다. 예컨대, 올워디 씨는 매제 잃은 아픔을 슬픔의 덧없음과 재회의 희망을 가르쳐주는 철학과 종교를 통해 누그러뜨렸고, 블리필 부인은 관습과 품위를 지키며 그 기간을 잘 지내고 마침내 평온을 되찾았다. 이 같은 추론의 예는 저급한 독자에게나 필요한 것이고, '판단력과 통찰력이 뛰어난 독자'라면 더 많은 일들을 추론할 수 있을 것이다. '내가' 알기로 '나의' 독자는 탁월한 추론 능력을 지녔기 때문에 각자 그 능력을 발휘할 수 있도록 12년을 건너뛰고 이제 열네 살이 된 주인공을 소개하겠다.

2장

'비행소년' 톰 존스의 가장 큰 결점은 도둑질이다. 최근에는 어느 과수원에서 과일을 훔쳤고, 어떤 농부의 오리를 훔쳤고, '블리필 도련님'의 주머니에서 공을 훔쳤다. '침착하고 신중하고 경건한' 블리필은 이웃사람들의 칭찬이 자자한 반면, 존스는 천덕꾸러기다.

존스의 유일한 친구는 올워디 씨 저택의 사냥터지기인데, 훔친 물건은 그의 가족에게 주었다. 어느 날, 존스와 사냥터지기는 자고 무리를 쫓다가 존스가 조르는 바람에 올워디가 금한 이웃사람의 사유지에 들어갔다. 총소리를 듣고 현장에 도착한 이웃 지주는 존스에게서 사냥한 새를 발견하고 즉각 올워디를 찾아가 총성을 두 번 들었다며 공범이 있다고 목청을 높였다. 올워디는 존스를 불러 추궁했지만 혼자 사냥했다는 대답이 돌아왔고, 이어 불려온 사냥터지기도 무죄를 주장했다.

이튿날 아침, 가정교사 드웨컴 목사가 같은 질문에 같은 대답을 듣고 존스를 매질했다. 걱정스러워진 올워디가 의심을 풀고 사과하며 작은 말을 선물하지, 존스는 양심의 가책을 받고 눈물을 쏟았다.

3장

얼마 전부터 올워디 씨 저택에서 머물고 있는 '철학자' 스퀘어는 타고난 지능은 최고가 아니었지만 교육과 고대 철학자들의 서적을 두루 섭렵하며 엄청난 학식을 쌓았고,

사람이란 항상 사색해야 하며 덕은 '이론의 문제'로 간주해야 한다고 믿었다.

만날 때마다 논쟁을 벌이는 스퀘어와 드웨컴의 유일한 유사점은 '선'의 개념을 언급하지 않는다는 것이다. 스퀘어는 인간 본성은 본래 덕스럽고 악은 그 본성으로부터의 탈선이라고 주장하는 반면, 원죄를 믿는 드웨컴은 인간 정신은 하나님에 의해 구원되기 전에는 죄악의 소굴이라고 주장했다.

4장

어쨌든 스퀘어와 드웨컴이 '타고난 선량한 심성'을 버리지만 않았다면, 앞으로 진행될 이야기에서 조롱의 대상이 되지는 않았을 것이다.

'블리필 도련님'이 존스에게 얻어맞아 코피를 흘리며 나타나 신사들의 저녁식사가 중단되었다. 블리필보다 나이가 많은 존스는 몸집은 작아도 싸움은 훨씬 잘했다. 존스가 '거지같은 업둥이새끼'라고 놀려 때렸다고 설명하자, 블리필은 '눈물을 줄줄 흘리며' 거짓말이라고 반박하고, 자고 사건 때 존스의 공범이 사냥터지기 블랙 조지라고 일러바쳤다. 존스는 신의 때문에 거짓말을 할 수밖에 없었다면서 이웃사람의 사유지로 넘어간 것은 자기 탓이니 조지와 가족들에게는 자비를 베풀어달라고 간청했다. 올워디 씨는 앞으로 더욱 친하게 지내라고 당부하고 두 소년을 내보냈다.

5장

　평소처럼 스퀘어와 드웨컴은 블리필은 칭찬하고, '경박하고, 건방지고, 버릇없는' 존스는 비난했다. 올워디 씨는 드웨컴에게 존스를 매질하지 말라고 지시했고, '다른 사람보다 자신을 위한 거짓말이 더 나쁘다'면서 블랙 조지는 퇴직금을 후하게 지불한 뒤 해고했다. 그 이야기를 전해들은 사람들은 올워디의 판단을 칭송하고, 존스의 의리와 용기를 칭찬했으며, 블리필은 '비열한 아이'라고 비난했다.

　열여섯 살인 블리필은 스퀘어와 드웨컴의 원칙에 순종하며 환심을 샀는데, 항상 의견이 충돌하는 그들과 함께 있을 때는 침묵했다는 뜻이다. 게다가 올워디에게 그들을 칭찬하면 그대로 전달되어 자신에게 득이 된다는 '간접 아첨' 요령도 터득하고 있었다. 올워디는 시간이 흐르면서 가정교사 드웨컴의 여러 결점을 알게 되었지만, 상반되는 스퀘어와 서로 고쳐줄 것이라고 믿으면서 해고하지 않았다.

6장

　스퀘어와 드웨컴은 브리짓에게 관심을 갖고 있었다. 올워디 씨 저택을 방문하는 많은 남자들이 아름답거나 젊지도 않은 브리짓에게 반하는 이유에 대해 의문을 느끼는 독자도 있겠지만, 남자들이란 친구가 부유할 경우 그의 할머니, 어머니, 누이 등 특정한 여자에게 일종의 자연스런 호감을 느끼는 종족이다. 그리고 스퀘어와 드웨컴은 브리짓의 호감을 얻는 가장 손쉬운 방법이 블리필을 편애하고 존스를 멸시하는 것이라고 확신했다. 따라서 두 소년에 관해서는 의견이 일치했으며, 재혼을 원치 않았던 브리짓은 그들과 어울리면서 아첨과 구애를 즐겼다.

브리짓은 남편에 대한 아픈 기억 때문에 아들에게 커다란 애정이 없었고, 존스를 '아들'이라고 부르며 조카와 똑같이 대하는 오빠의 사랑을 묵묵히 따랐다. 이웃사람들은 그런 태도를 오빠에 대한 복종으로 해석하고, 속마음은 존스를 혐오하고 망치기 위해 음모를 꾸미고 있다고 생각했다. 그러나 브리짓은 존스가 성장하면서 남자다운 매력을 보이자 블리필보다 더 사랑스러워했기 때문에 스퀘어와 드웨컴이 '경쟁심'을 느낄 정도였고, 특히 드웨컴은 존스에게 증오심을 품게 되었다.

7장

블리필이 어머니에게 미움 받고 있다는 사실을 눈치채자마자 연민이 발동한 올워디 씨가 그만큼 존스에 대한 애정을 줄여나가면서 존스에게 매우 불리한 결과를 초래하는 빌미를 제공했으며, 거기에는 존스의 자유분방하고 경솔한 태도도 일조했다.

착한 심성과 솔직한 성품은 만족감과 자부심은 안겨줄지언
정 세속적인 문제의 해결에는 보탬이 되지 않고, 신중함과 분별력
이 반드시 수반되어야 한다. 의도나 행동은 본질적으로 선하다는
사실만으로는 불충분하며, 겉으로 나타나도록 항상 유의해야 하
는 것이다.

그렇지 않으면, 올워디처럼 아무리 현명하고 선량한
사람이라도 겉면을 꿰뚫어 그 속의 아름다움을 알아보지
못하게 되는 것이다. 이처럼 덕도 품위와 예절로 꾸미지 않
는다면 아름답게 보이지 않는다는 교훈을 명심하기 바란다.

8장

존스는 올워디 씨가 선물한 말을 시장에 내다팔았다.
귀가한 존스가 돈의 용처를 밝히지 않자 드웨컴이 매질을
준비할 때, 마침 들어온 올워디가 존스를 옆방으로 데려가
똑같은 질문을 던졌다. '폭군 같은' 드웨컴에게 반드시 복
수하겠다고 다짐했다가 심한 꾸지람을 들은 존스는 그 돈
을 헐벗고 굶주리는 블랙 조지 가족에게 주었다고 밝혔고,
감동한 올워디는 눈물을 흘렸다.

9장

그보다 조금 앞서 존스는 올워디 씨에게 받은 성경책을 블리필에게 팔았다. 블리필은 그 성경을 자기 성경보다 더 자주 읽고 빈번하게 설명을 요구했기 때문에 결국 존스의 이름을 알아본 드웨컴이 신성모독이라며 그 경위를 밝히도록 추궁하면서 매질하고 올워디에게도 고했다. 그러나 스퀘어와 브리짓은 성경책을 파는 행위가 문제될 것이 없다는 의견을 피력했다.

웨스턴이 일전의 자고 절도 혐의로 블랙 조지를 고소했다. 어느 날 저녁 산책 때, 존스가 올워디와 블리필을 비참한 상황에 빠져 있는 조지의 집으로 안내하자, 동정심을 느낀 올워디는 아이들 옷을 사라며 조지의 아내에게 돈을 건넸다. 집에 돌아온 존스는 올워디가 조지를 용서하고 그의 가족을 도울 방도를 강구하겠다고 약속하자 반가운 소식을 알리기 위해 빗속을 달려갔지만, 조지의 불운은 악화 직전이었다.

10장

블리필은 올워디 씨가 블랙 조지를 해고하고 대략 1년 후에 일어난 사건을 고자질했다. 가족이 아사 직전이었던 조지는 토끼 한 마리를 잡아 중간상인에게 팔았는데, 얼마 후 밀렵 혐의 때문에 희생양이 필요했던 그 상인은 웨스턴에게 조지를 지목했다. 블리필은 그 사건의 본질을 왜곡시키고, 조지가 십여 마리의 토끼를 밀렵했다고 거짓말했다. 올워디는 존스에게 다시는 조지를 입에 올리지 말라고 엄명하고, 가족은 굶지 않도록 조치하겠으나 조지는 법의 판단에 맡기겠다고 덧붙였다.

영문을 모르는 존스는 조지를 구하기 위해 존스의 사냥 솜씨에 매료되어 자신의 말, 사냥개, 총을 자유롭게 사용토록 허락한 웨스턴의 힘을 빌리기로 마음먹고, 열일곱 살짜리 외동딸에게 조지의 사정을 호소하기로 결심했다. 그러나 '나는 너무 사랑스럽고 소설이 끝날 무렵에는 많은 독자들도 사랑하게 될 이 아가씨를 주인공으로 삼을 작정'이기 때문에 권말에 소개하는 것은 부적절하다.

제3권은 주인공 톰 손스가 열네 살 소년에서 열아홉 살 청년으로 성장하는 과정을 보여준다. 화자는 2장에서 결점을 지닌 주인공을 어쩔 수 없이 소개하는 척하지만, 존스의 관대함과 이타심을 높이 평가하는 마음이 맞수 블리필과 대비시키는 방법 속에 교묘히 드러난다. 경쟁자들의 성격 묘사, 즉 선한 인물들의 악덕들에 노골적으로 반대하는 듯한 태도를 취하는 반면, 악한 인물들의 악덕들은 호의적인 관점에서 묘사하는 것은 소설 내내 나타나는 필딩의 전형적 방식이다. 예를 들어, 블리필의 '덕들'이 고자질의 대가로 편애를 받을 뿐 아무런 결실도 거두지 못한다고 분명히 밝히는 것. 이 같은 성격 묘사 방법은 화자가 블리필에게 역설적 태도를 취하는 결과를 초래한다. 즉 화자가 블리필에 관해 보여주고 싶다고 주장하는 것과 실제로 보여주는 것의 차이점들은 블리필의 위선을 폭로하는 작용을 한다.

그러나 화자는 존스와 올워디를 완벽한 인간으로 보이게 하려는 의도는 없다. 5장에서 '나는 이 역사에 결점이 없는 인물들을 소개할 생각이 없다'고 분명히 밝혔듯이, 존스를 '영웅'이라고 부르면서 이 용어의 개념을 다시 만들어내려는 의도를 드러낸다.

화자는 과장된 언어를 통해 소규모의 줄거리를 비꼬듯이 고양시킨다. 4장에서 '눈물을 줄줄 흘리며'라는 과장된 표현은 블리필의 좁은 소견을 강조한다. 어휘와 용어에 대한 관심에도 불구하고 말보다는 보여주는 쪽을 선호하고, 집필 과정과 관련된 무대 은유법의 구사는 심리상태보다 장면을 묘사하려는 욕구를 강조하는 것. 이 소설에서 특히 가장 가치 있는 능동적 인물들은 이 화법에 적합하다. 올워디와 존스는 계속 자선행위에 관계하는 반면, 이른바 경건한 드웨컴은 존스의 매질에 전념할 뿐이다.

Book 4

: 줄거리

1장

'나의 역사이야기'를 다른 작품들과 구분시키는 중요한 요소는 진실이다. 그러나 너무 지루한 나머지 에일 맥주 한 잔 없이는 소화하기 어려워지는 것을 원치 않기 때문에 맥주 대신 독자의 정신을 맑게 해주기 위해 작품 속에 갖가지 비유, 묘사, 시적 장식물들을 넣어두었다. 그리고 이제 다음 장에서 여주인공을 소개하기 전에 '모든 유쾌한 이미지들'을 무대 위에 펼쳐놓고 독자들에게 그녀를 받아들일 마음의 준비를 시켜야 마땅하다고 생각한다.

2장

화자는 '자연으로부터 끌어낼 수 있는 모든 유쾌한 이미지들'을 장면 가득 채워놓은 뒤에 너무도 아름답게 보일 소피아 웨스턴 양을 무대의 조명 속으로 인도한다. 이어 정확한 세부 설명을 생략한 채, 소피아에 비교될 만한 고급 문학과 상류사회에 등장하는 여성들을 찬양하고, 소피아의 모습을 제대로 묘사하지 못하는 자기 입장을 변명한다.

"무엇보다도 그녀는 나의 가슴속에서 결코 떠날 수 없는 모습을 지닌 사람을 닮았다. 당신이 그런 사람을 마음속에 두고 있다면, 친구여 당신은 소피아의 모습을 제대로 생각해낸 것이다."

소피아는 균형 잡힌 몸매와 중간키, 완벽한 신체 비율, 검은 머리카락, 검은 눈, 선명하고 반달 같은 눈썹, 오똑한 코, '입 속에 두 줄의 상아'를 가졌으며, 만약 질투심 때문에 구태여 결점을 찾는다면 앞이마가 약간 낮다고 생각될 수 있다. 내면은 섬세한 외모와 완벽한 조화를 이뤘다. 뛰어난 분별력과 세상에 대해 모르는 것이 없던 고모에게 교육받은 몸가짐에서는 빼어난 '교양'과 '타고난 고상함'을 지닌 사람에게는 불필요한 상류사회의 세련미는 느껴지지 않았다.

3장

웨스턴은 이 세상에서 열여덟 살짜리 딸 소피아를 가장 사랑했다. 따라서 존스는 블랙 조지를 위해 그녀에게 간청하기로 마음먹었다. 올워디 씨와 웨스턴은 가까운 사이는 아니었으나 적당한 교류는 유지했기 때문에 톰, 소피아,

블리필은 어릴 때 친구로 지냈으며, 소피아는 신중하고 과묵한 블리필보다는 쾌활한 존스를 더 좋아했다.

열한 살 무렵, 소피아는 존스가 둥지에서 꺼내 선물한 새에 '작은 토미'란 이름을 붙이고 애지중지했다. 어느 날, 소피아를 꾀어 토미를 잠시 만져보게 된 블리필은 재빨리 다리에 묶인 줄을 풀고 놓아주었다. 소피아의 비명소리를 듣고 달려온 존스가 새를 잡으러 나무 위로 올라갔다가 나뭇가지가 부러지는 바람에 운하로 떨어졌다. 어른들이 놀라 달려오자, 블리필은 잘못을 시인하고 어떤 동물이든 자유가 없는 것은 참을 수 없었다고 변명했다.

4장

스퀘어, 드웨컴, 웨스턴, 올워디 씨, 웨스턴의 친구 변호사는 블리필의 행동을 놓고 논쟁을 벌였다. 스퀘어는 또래들과 달리 선악을 구분할 줄 아는 블리필이 장차 위대한 인물이 될 것이라며 칭찬했고, 드웨컴은 '우리가 대접받기를 원하듯 일을 행한다'는 블리필의 말이 기독교적 동기의 표현이라며 자신의 교육이 결실을 맺은 것이라고 기뻐했다. 화가 난 웨스턴이 '내 딸의 새를' 날려 보낸 것이 악이라면서 그 일을 칭찬하는 것은 소년을 교수대로 인도하는 행위나 같다고 열을 올리자, 올워디는 '그 아이의' 행동에 대해서는 미안하게 생각하지만 동기가 순수하기 때문에 벌하지 않겠다고 대꾸했다. 웨스턴은 '내가' 학식은 부족해도 '내 딸을' 돕기 위해 위험을 마다하지 않은 소년의 행위야말로 이타적인 심성의 발로라는 것 정도는 충분히 알고 있다면서, 죽을 때까지 '그 아이를' 사랑하겠노라고 힘주어 말했다.

5장

소피아는 그날부터 존스에게 호감을 갖기 시작했고 블리필에게는 반감을 품었으며, 여러 사건이 그 감정을 더욱 부추겼다. 존스는 세상에서 자신 외에는 적이 없었지만, 블리필은 자신의 이익에만 집착했다. 사람들은 좋은 사람들을 발견하면 남들과 공유하기 싫어 귀중품처럼 혼자만 간직하려 들지만, 소피아는 공개적으로 존스를 칭찬하고 블리필은 비난했다.

웨스턴은 소피아에게 집안 관리를 맡겼다. 존스는 웨스턴 부녀와 저녁식사를 함께하는 경우가 잦았다. 스무 살 존스는 '시골 신사들의 거친 기질'과는 다른 정중한 태도를 지녔고, 마을의 모든 귀부인들로부터 '꽃미남'이란 평판을 들었다. 소피아는 존스와 시간을 보낼 때마다 점점 애정이 깊어졌지만 순진한 존스는 약간 정중한 것 이외에는 다른 여성들이나 다름없이 대했다. 웨스턴도 사냥개, 말, 사냥 등에 몰두한 나머지 아무 생각 없이 존스와 많은 시간을 지내도록 허용했고, 소피아는 자신의 감정이 위험 수준이란 것을 알아차리기도 전에 존스에게 빠져버렸다.

어느 날 오후, 존스가 청이 있다며 들어달라고 말하자, 소피아는 사랑 고백을 생각하며 얼굴을 붉혔으나 블랙 조지와 그의 가족을 도와달라는 부탁에 뛰던 가슴이 가라앉았다. 사실, 존스는 그 전날 소피아가 조지의 아내에게 겉옷, 약간의 아마포, 10실링을 보낸 사실을 알고 자신감을 얻어 조지의 일자리를 부탁한 것이었다. 소피아는 최선을 다하겠다면서, '나의 부탁도' 들어달라고 덧붙였다. 존스가 '감사의 표시로 목숨까지 바칠 수 있다'고 말한 후 손에 입을 맞추자, '난생 처음 야릇한 기분'을 느꼈던 소피아는 아버지를 아주 위험한 사냥에는 데려가지 말라고 부탁했다.

그날 밤, 소피아는 매일 오후 딸의 하프시코드 연주를 즐겨 듣던 아버지의 애창곡을 연주하면서 조지의 건을 부탁하고 승낙을 얻어냈다. 이튿날 아침, 웨스턴은 변호사를 불러 소송을 취하시켰다. 존스의 선행이 알려지자 일부 사람들은 칭찬했고, 블리필, 스퀘어, 드웨컴을 포함한 어떤 사람들은 비난했다. 올워디 씨는 존스의 덕이 '고결한 우정과 인내 속'에 깃들어 있다며 옹호했다.

6장

존스는 소피아의 아름다움과 갖가지 능력을 알면서도 사랑의 감정을 품지 않았다. 인근 지방에서 가장 아름다운 소녀로 꼽히는 블랙 조지의 5남매 중 둘째 몰리 시그림을 사랑하고 있었기 때문인데, 존스보다 세 살이 어렸다. 존스는 그녀의 육체를 갖고 싶은 마음이 간절했지만, 도덕성과 그녀의 가족에 대한 선의와 동정심으로 이겨냈다.

몰리는 어린 나이와 혈색 덕분에 미모가 돋보였으나 세련되거나 여성다운 요소는 별로 없었으며, 성격도 대담하고 적극적인 편이었다. 존스는 적당한 거리를 두며 순결을 지켜주려 애썼지만 정조관념이 희박한 그녀는 결국 뜻을 이루었고, 존스는 자신이 먼저 유혹한 것이라고 확신했다. 그리고 이처럼 몰리에게 정을 주는 상황에서 소피아를 속이고 싶지도 않았기 때문에 선뜻 다가가지 못했던 것이다.

7장

몰리의 임신을 가장 먼저 알아차린 블랙 조지의 아내는 딸에게 소피아의 겉옷을 입혀 이웃들에게 그 사실을 숨기려고 애썼다. 주일날, 몰리는 그 겉옷을 입고 존스가 선물한 장신구를 걸친 채 교회에 나타났다.

사람들이 세상을 살아가는 모습은 지위가 높고 낮건, 정신적 자질이 고매하건 않건 모두 마찬가지다. 시골 교회에도 추기경들의 비밀회의 못지않게 책략, 음모, 모함, 파벌이 있고, 시골 아낙네들 사이에도 화려한 상류층이나 세련된 사교계에서 흔히 볼 수 있는 위선, 질투, 추문 등이 난무한다.

여신도들은 신도석에 앉아 있는 몰리를 보고 수군대다가 누군지 눈치 채자마자 심하게 비웃었다.

8장

교회에서 몰리의 용모가 마음에 든 소피아는 블랙 조지를 불러 하녀로 쓰고 싶다는 뜻을 전했다. 조지는 소피아가 딸의 임신을 모르고 있다는 사실에 내심 놀라면서 아내의 조언을 구하기 위해 서둘러 집으로 갔는데, 집에서는 신도들이 몰리를 모욕한 사건을 놓고 모녀의 말다툼이 벌어지고 있었다.

비웃음으로 시작된 소란은 흙과 돌멩이가 난무하는 싸움으로 번졌다. 몰리는 선봉에서 달려오던 아낙네를 일격에 때려눕히고, 교회 묘지로 우왕좌왕 퇴각하는 신도들을 쫓아가 두개골을 던지고 넓적다리뼈를 휘둘러 차례로 거꾸러트렸다. 그러나 달아나던 발길을 돌려 반격에 나선 여인이 있었으니, 구디 브라운이었다. 두 사람은 서로 머리채를 잡아뜯고 코피를 쏟으며 격렬하게 싸웠다. 싸움은 바람을 쐬러 나왔던 스퀘어, 블리필, 존스가 나타나면서 중단되었다. 몰리로부터 사건의 전말을 전해들은 존스는 브라운과 마을사람들에게 채찍을 휘두르고 복수를 다짐한 다음, 웃옷을 벗어 몰리를 감싸고 자기 말 뒤에 태워 집으로 데려다주었다.

9장

그리고 블랙 조지는 몰리가 어머니로부터 '음탕하고 더러운 년'이란 꾸지람을 듣고 어머니의 혼전임신을 들먹이며 맞받아치는 상황에서 집에 당도했던 것이었다. 몰리는 아버지의 이야기를 듣고 거부하면서, 존스가 돈이 부족할 일은 없을 것이라며 주었다는 금화 몇 닢을 꺼내 하나를 어머니에게 건넸다. 어머니는 딸이 하녀가 되기에는 아깝다며 남편을 나무라고, 그 일은 자신이 맡기로 했다.

10장

이튿날, 웨스턴과 사냥을 나갔다 돌아온 존스는 웨스턴, 소피아, 교구 목사 서플과 저녁식사를 했다. 식사 후, 부목사는 '어제' 폭행사건 때문에 몰리 시그림을 소환한 올워디 씨가 임신 사실을 알고 아기 아버지를 물었으나 밝히지 않자 브라이드웰 감옥으로 보내는 영장을 작성했다는 이야기를 들려주었다. 존스가 양해를 구하고 자리를 뜨자, 웨스턴은 존스가 아기 아버지가 분명하다면서, 이제야 블랙 조지를 위해 도움을 청했던 이유를 알겠노라고 말했다. 소피아는 부목사의 이야기에 안색이 변했던 존스를 떠올리고 아버지의 주장이 옳다는 생각을 품게 되었다.

11장

존스는 문 앞에서 브라이드웰로 호송되는 몰리를 만나자 안심시키고, 올워디 씨를 찾아가 자신이 아기 아버지라고 밝혔다. 올워디는 존스의 무절제한 행실은 못마땅했으나 명예심과 정직성은 인정하고, 몰리를 방면했다.

블리필이 그 이야기를 전하자, 드웨컴은 장성한 존스를 채찍질할 수 없다는 사실에 화가 치밀었지만 어쩔 수 없었다. 그러나 훨씬 교활한 스퀘어가 '나리와 제가' 의리 때문이라고 여겼던 일이 타락한 욕심을 채우려는 비열한 행위였다고 음해하자, 올워디의 마음속에 처음으로 의심의 씨앗이 뿌려졌다.

12장

소피아는 잠자리가 뒤숭숭했다. 이튿날 아침, 하녀 아너 부인이 '도련님께서 그 뻔뻔한 계집애의 유혹에 넘어간 것'이 분명하다며 안쓰러워하자, 소피아는 존스가 무슨 일을 했건 '나와는 상관없다'며 발끈했다. 괴로워하던 소피아는 존스를 보지 않으면 사랑의 감정에서 벗어날 수 있다는 희망을 품고 런던의 고모를 방문하기로 마음먹지만, 다음 장의 사건이 발목을 잡는다.

13장

웨스턴은 기어코 소피아를 사냥에 데리고 갔다. 사냥 이틀째, 소피아의 말이 버둥거리자 존스가 말을 달려 떨어지는 그녀를 받다가 왼팔이 부러졌다. 웨스턴은 딸이 무사한 것을 기뻐했고, 소피아는 고마움과 미안함이 뒤섞여 강렬한 감정의 동요가 일어났다.

남자의 용기는 여자보다 뛰어나고, 여자들은 남자들의 용기를 사랑한다.

이 사고를 계기로 존스와 소피아는 서로 강렬한 인상을 갖게 되었다.

14장

의사는 먼저 소피아를 방혈 처치하고, 이어 존스의 부러진 팔을 수술했다. 수술 장면을 지켜본 아너 부인은 소피아에게 존스의 침착성과 준수한 용모를 치켜세우고, 일전에 '도련님께서' 의자 위에 있던 '아가씨' 토시에 열정적으로 입을 맞췄으며, 또 언젠가 '아가씨께서' 하프시코드를 연주할 때는 옆방에서 멍하니 듣고 있더라는 말을 들려주었다. 소피아는 앞으로는 '나는 물론, 누구에게도' 그런 이야기를 하지 말라면서도 자기를 '여신'이라고 불렀다고 말하자 귀를 쫑긋했다.

　　제4권에서는 존스와 소피아 사이에 연애감정이 싹튼다. 그러나 필딩은 소피아를 묘사하는 방법과 몰리 시그림을 소개하는 방법을 통해 사랑의 낭만적 관념을 약화시킨다. 화자는 1장에서 여주인공을 연극처럼 등장시키기 위해 시적 역량을 과시한 후에 2장에서 소피아를 묘사할 때는 이해하기 힘든 태도를 취하는데, 세부사항에 관심이 많은 필딩 같은 작가가 여주인공을 완전하게 묘사하려 들지 않는 것은 이상해 보일 수 있지만, 문학에서 미인을 묘사하는 판에 박힌 문구를 알기 때문에 과감히 미인이란 화제를 다소 역설적이고 익살스럽게 다루고 있는 것이다. 화자는 독자에게 소피아를 창조하기 위해 요구되는 노력을 상기시키고, 이어 '우리는 그 미인의 전형을 묘사하기에는 우리의 최고 역량조차 아주 부실하다는 것을 느끼고 있지만, 그 작업을 위해 최고의 기량을 발휘하겠다'고 약속한다. 필딩의 거짓 겸손은 여주인공들을 완벽한 미의 화신으로 그린 과거 작품들을 희화화하는 것이다.

　　'소설'에 대한 필딩의 시각은 제4권에서부터 본격적으로 나타난다. 필딩의 서술체는 미사여구 문체보다 낫고, 심지어는 위에서처럼 과장된 언어에 탐닉하는 고전작가들을 희화화하고 있다. 박력 있고 예리하며, 각 장면이 상세하게 서술되고 짜임새 있게 구성되는 필딩의 글은 화려하고 시적인 언어 대신, 감정이 배제되고 역설적인 부류의 가공 보도(報道) 방식을 사용하며, 주된 관심사는 등장인물들을 서로 구분하는 것이다. 그러나 소설 속에서 집필 당시 실제로 알고 있던 사람들을 넌지시 언급했기 때문에 실제 역사가 그 바탕이며, 희극적 효과를 거두기 위해 끊임없이 과장법을 사용한다. 예를 들어, 8장에서 몰리와 신도들 사이의 싸움 장면을 묘사하기 위해 시의 여신 뮤즈의 도움을 받아 군사용어를 섞어 쓰며 난투극을 웅장한 전쟁처럼 묘사하는데, 그 같은 과장 묘사와 상반신을 드러내고 싸우는 두 여자의 기괴한 대비 속에서 익살스러운 재미가 탄생한다.

Book 5

1장

　　〈톰 존스〉의 창작 당시 가장 큰 고통을 주었으나 재미는 별로 없는 각 권의 서문 대용인 1장은 '우리가' 맨 먼저 시도한 '산문-희극-서사시' 같은 부류의 작품에는 필수적이다. 그러나 구태여 그 같은 판단의 이유를 설명할 필요는 없다고 생각한다. 그 글쓰기의 창시자인 '우리가' 그 규칙을 정했기 때문이다. 뻔뻔스럽게도 입법 권한을 부여받았다고 생각하는 비평가들이 작가들에게 권하려고 드는 규칙들은 진실성이나 본질에 근거하지 않은 것이며, 천재적 재능을 억제하고 제약할 뿐이다.

　　서문들의 심각성이 독자의 감정을 북돋아 희극 부분에 이르도록 만드는 '대비'를 제공하려는 의도도 있다.

2장

　　존스가 부상 때문에 두문불출하는 동안, 올워디 씨는

거의 매일 찾아와 용감한 행동은 칭찬하고, 과거의 잘못들은 반성과 미래의 지침으로 삼게 만들려고 애썼다. 드웨컴은 시간이 날 때마다 찾아와 골절상은 '하나님의 심판'이라며 회개하지 않으면 더 큰 재난이 닥칠 것이라고 설교했다. 스퀘어는 골절상은 누구에게나 일어날 수 있고 웅대한 우주의 계획에서는 아무것도 아니라면서, 그 사고를 '재앙'이라고 부르는 것은 단어의 오용이라고 주장했다. 블리필은 존스와 시간을 보내면 악행에 물들 수 있다며 거의 찾아오지 않았다. 웨스턴은 술을 마시거나 사냥할 때만 존스의 방을 떠났고, 소피아는 애써 존스를 가까이하지 않았다.

어느 날, 소피아의 하프시코드 연주를 듣던 존스가 부러진 팔이 '따님을' 구했기 때문에 '제 인생'에서 '가장 행복한 사건'으로 생각한다고 말하자, 웨스턴은 보답으로 말한 필을 주고 싶다고 제안했고, 이어 소피아의 연주가 심하게 흔들렸다. 존스는 그녀의 마음도 자기처럼 흔들리고 있다는 확신이 들었다.

3장

소피아의 애정을 확신하지 못하는 존스는 '씁쓸하면서도 달콤한' 기분이었다. 만약 소피아의 사랑을 얻게 되더라도 재산과 지위를 매우 중시하고 세상물정에 밝은 웨스턴이 결혼을 반대할 것이라고 예상하지만, 웨스턴의 호의를 악용하거나 올워디 씨를 난처하게 만들 생각은 없었다. 게다가 몰리에게는 '영원히 변치 않겠다'고 약속했고, 자기에게 버림받고 비참해진 그녀의 모습을 떠올리며 괴로워하던 존스는 소피아를 잊기로 결심했다. 그러나 그날 저녁, 아주 사소한 사건이 그의 마음을 흔들어놓았다.

4장

아너 부인이 존스를 문병하러 왔다. 부인은 몰리의 근황과 도울 일이 없는지 알아보라는 '아가씨'의 지시를 받고 몰리에게 다녀오는 길이라며, 일전에 '도련님께서 아가씨 토시에 입을 맞췄다'고 말했더니 '제게' 선물했던 그 토시를 도로 찾아가 계속 착용하고 몰래 입맞춤하더라는 말을 들려주었다. 그때 웨스턴이 하프시코드 연주를 들으러 가자며 존스를 부르러 왔다. 오른팔에 토시를 걸치고 하프시코드 앞에 앉아 있는 소피아의 모습은 더욱 아름다웠다. 소피아가 연주할 때 토시가 계속 흘러내려 방해하자, 화가 난 웨스턴이 토시를 낚아채 난롯불 속에 던져버렸고, 깜짝 놀란 소피아가 부랴부랴 꺼냈다. 그런데 별것 아닌 듯한 그 일은 존스에게 커다란 충격을 주었고, 중대한 사건의 빌미가 되었다. 이처럼 세상은 아주 시력 좋은 사람들만 감지할 수 있는 미세한 바퀴들에 의해 굴러가는 거대한 기계장치라고 할 수 있다. 그 토시 사건이 철벽같은 존스의 마음을 정복하고 사랑의 노예로 만들어버린 것이다.

5장

존스는 마음속에서 몰리를 지울 수 없는데다 동정심 때문에 소피아가 외모와 성격 양면에서 몰리보다 낮다는 사실을 알지 못했지만, 마침내 몰리의 절망을 돈으로 보상할 수 있을지도 모른다는 희망을 품게 되었다.

얼마 후, 부상이 회복된 존스는 어깨띠에 팔을 걸고 몰리를 찾아갔다. 몰리의 언니는 야릇한 미소를 지으며 동생이 다락방에 있다고 넌지시 알려주었다. 그곳으로 올라갔더니 문이 굳게 닫혀 있었으나, 잠시 후에 몰리는 자고 있었다며 문을 열었다. 존스는 그들이 함께 있다 발각되고 그 사실이 올워디 씨에게 알려지면 둘 다 파멸할 것이며, 운명에 의해 결별이 결정되었다면 굳게 참아내자면서, 좋은 남자를 찾아 결혼할 수 있을 것이라고 말했다. 몰리는 눈물을 흘리며 '저를' 망쳐놓고 '버리지 않겠다'는 맹세마저 내던졌다며 '도련님이 없다면' 세상의 부(富)도 무의미하고, 생전에 다른 남자는 사랑할 수도 없을 것이라고 몰아세웠다.

그때 옷장으로 쓰는 공간을 가리려고 걸어놓았던 담요가 떨어지면서 우스꽝스러운 몰골의 '철학자' 스퀘어가 드러났다. 아무리 고상하고 엄정한 철학자일망정 '피와 살로 이뤄진 인간'이기는 보통사람들과 마찬가지. 따라서 그들이 이론적으로는 '우리보다' 훌륭하고 현명할지 몰라도 결국 행동은 '우리와' 다를 것이 없다. 교회에서 몰리의 아름다운 모습을 보고 반한 스퀘어는 그녀의 '정조라는 요새가 이미 정복되었다'는 말을 듣고는 좀더 편한 마음으로 호시탐탐 기회를 노리다가 결국에는 고가의 선물 공세로 몰리를 굴복시켰던 것이다.

존스가 인사를 건네며 옷장에서 나오는 것을 도와주자, 스퀘어는 자기는 '순결을' 더럽힌 죄는 짓지 않았다면서 정작 비난받을 사람은 존스라고 억지를 늘어놓았다. 존스가 '선생만' 입을 다물면 이 사건은 비밀로 남을 것이며 본능적인 욕구 충족은 죄가 되지 않고 종족 번식행위는 칭찬받아 마땅하다고 말하자, 스퀘어가 그렇다며 맞장구를 쳤다. 몰리를 용서한 존스는 가능한 한 돕겠다는 말을 남기고 돌아갔다. 존스를 잃게 되었다며 스퀘어를 마구 비난하던 몰리는 스퀘어가 지갑에서 '만병통치약'을 꺼내 건네자 곧바로 화색이 놀면서 사랑 표현을 쏟아냈다.

6장

존스는 몰리의 방탕한 행실이 자기가 순결을 빼앗았기 때문이라고 걱정했다. 그러나 고맙게도 몰리의 언니 베티가 몰리의 첫 남자는 윌 반스이며, 십중팔구 아기 아버지일 것이라고 말해 주었고, 이어 아직도 몰리의 유일한 사랑인 그 바람둥이와 몰리의 고백을 통해 직접 그 사실을 확인하면서 불편한 감정이 사라졌다.

소피아를 사랑할 수 있게 된 존스는 그녀 앞에서는 어색한 기분을 감추지 못한 채 말수가 적어지고 소심해졌는데, 웨스턴은 눈치 채지 못했지만 증상이 같은 소피아는 즉각 감지해내고 사랑에 빠졌다.

7장

존스가 2주 동안 웨스턴의 집에 머무는 사이, 올워디 씨가 병에 걸렸고, 의사는 상태가 위중하다고 진단했다. 죽음에 직면한 올워디는 가족을 불러 모았고, 존스는 사랑에 관한 것은 모두 잊은 채 집으로 달려갔다. 올워디는 죽음의 불가피성에 대해 언급했다.

"죽음이란 피할 수 없고, 유일하게 누구나 맞이하는 공통 운명이다. 시기는 중요하지 않다. 어떤 로마 시인의 비유처럼 잔치를 끝내고 떠나는 것이다. 잔치를 좀더 즐기기 위해 시간을 질질 끌거나 발버둥치는 사람들이 있지만, 잔치란 짧은 것이고, 가장 먼저 떠나는 자와 마지막까지 남은 자의 차이는 별것 아니다. 죽음은 매시간 일어나고, 우리 모두에게 반드시 일어날 일이니 슬퍼하지 마라."

이어 올워디는 모두들 자기 몫에 만족하는 모습을 보고 위안을 받고 싶다며 유언 내용을 개략적으로 밝혔다. 전 재산은 블리필에게 물려주되, 연수입 500파운드가 나오는 토지와 금화 1,000파운드는 존스의 몫이다. 드웨컴과 스퀘어는 각각 1,000파운드씩, 그리고 그밖에 하인들 몫과 기부금의 내용도 살짝 암시했다. 그때 하인이 들어와 블리필에게 특별한 전갈을 갖고 솔즈베리에서 변호사가 찾아왔다고 알렸다.

8장

월킨스 부인은 속으로 '나는' 다른 하인들보다 빼돌린 것도 적고, 마을사람들이 업둥이를 기른다고 수군거릴 때도 '주인님' 편을 들었으니 유언장에서 '그 신사 놈들'이나 다른 하인들과 똑같이 취급되어서는 안 된다고 중얼거렸고, 드웨컴과 스퀘어도 서로 자신들의 '봉사'를 내세우며 똑같은 대우에 대해 불만을 털어놓았다.

블리필이 변호사로부터 어머니의 사망 소식을 듣고 돌아왔다. 드웨컴은 그 사실을 '기독교도답게' 받아들이라고 말했고, 스퀘어는 '남자답게 이겨내라'고 충고했다. 이어 브리짓의 죽음을 올워디 씨에게 알리는 문제를 놓고 토론이 벌어졌으며, 알리는 쪽으로 결정이 내려져 블리필과 의사가 병실로 갔다. 그런데 올워디를 진찰한 의사는 기적적으로 위험이 거의 사라졌다고 선언했다. 사실, 병세는 애초에 그 의사의 진단만큼 그리 심각한 상황이 아니었다.

명장은 아무리 약한 적이라도 결코 얕보는 경우가 없듯이, 현명한 의사는 아무리 사소한 병도 아주 신중하게 대처하는 법이다. 그래야 승리를 거두면 더 큰 영광이 돌아오고, 혹여 불행한 사태가 벌어지더라도 불명예가 줄어들기 때문이다.

올워디는 브리짓의 죽음을 알린 블리필에게 장례를 맡겼다.

9장

블리필이 브리짓의 죽음을 알리러 왔을 때, 존스는 올워디 씨의 곁을 지키고 있었다. 올워디가 회복될 것이라는 의사의 말에 기쁜 나머지 만취한 존스는 의사를 껴안고 입맞춤을 퍼부으며 과격하게 감사를 표했다. 그 모습을 보고 드웨컴이 나무라면서 분위기가 험악해지자, 의사가 끼어들어 사태를 진정시켰다. 존스는 다시 노래를 부르며 소란을 피웠다.

술은 인간의 본성을 바꿔놓지도 않고, 존재하지 않았던 감정들을 만들어내지도 않는다. 다만 이성의 경계를 허물어뜨리기 때

문에 맨 정신일 때는 충분히 숨길 줄 알았던 증상들을 드러내도
록 강요한다.

블리필은 상중의 무례한 태도가 불쾌한 나머지 존스를
나무랐다. 존스가 사과했지만 부모가 누구인지도 모르기 때
문에 부모 잃은 고통을 이해하지 못한다고 비아냥거리면서
벌어진 난투극은 드웨컴과 의사의 중재로 끝이 났다.

10장

그날 저녁, 존스가 숲속을 거닐다 시냇가에 앉아 소피
아의 아름다움과 매력을 찬양하고 영원히 사랑하겠노라고
맹세할 때, 놀랍게도 들일을 나갔던 몰리가 다가왔다. 술에
취해 이성이 마비된 존스와 사내를 마다않는 몰리는 잠시
이야기를 나누다가 함께 숲이 우거진 곳으로 사라졌다. 때
마침 그곳을 산책하던 드웨컴과 블리필이 그 모습을 보고
뒤를 쫓았다.

11장

존스가 '암컷'을 지키려는 야수처럼 '적들'을 향해 숲
을 뛰쳐나가 '함께 있던 부정한 계집'을 찾아내겠다며 숲으
로 다가서는 드웨컴을 제지하자, 블리필이 덤벼들어 세 사
람은 싸움이 붙었다. 잠시 후, 존스가 수적 열세에 몰리는

순간, 웨스턴의 '주먹들'이 가세하면서 블리필은 땅바닥에
뻗었고, 드웨컴은 두 손을 들었다.

12장

　싸움이 끝날 무렵, 소피아, 부목사, 웨스턴 부인이 현장
에 도착했고, 모든 사람이 거의 죽은 듯한 블리필을 돌보는
순간, 소피아가 기절하자 관심은 그녀에게로 옮겨갔다. 존
스는 부리나케 소피아를 안고 시냇물로 뛰어들어 몸 이곳
저곳에 물을 뿌려 의식을 돌려놓았고, 웨스턴은 너무 기쁜
나머지 소피아와 사유지를 제외하고는 무엇이든 선물하겠
다고 제안했다. 소피아가 애정과 동정심 어린 시선을 보내
자, 존스는 가슴이 벅차올랐다. 일행은 블리필과 드웨컴을
일으켜 세웠다.

　모든 싸움에서 자연이 용처를 알고 제공한 무기만 사용하고,
쇠붙이는 사람의 내장을 파내는 일이 아니라 땅을 팔 때만 쓰면
좋겠다. 만약 그렇게 된다면 군왕들의 심심풀이인 전쟁은 전혀 불
쾌하거나 해롭지 않을 것이다. 전장을 뒤덮었던 시신들이 잠시 후
에 제 발로 일어나 걸어갈 수 있을 테니까.

　드웨컴이 사건의 전말을 설명하자, 웨스턴은 존스를 '술
좋아하는 개'라며 웃어넘겼다. 소피아는 다시 기절할 것 같

다면서, 집으로 돌아가자고 재촉했다.

올워디의 병환, 여러 등장인물들의 반응, 소피아를 향해 싹트기 시작한 존스의 사랑이 제5권의 핵심이다. 은인에 대한 존스의 진심어린 걱정은 자기 몫의 유산에 대해 불평을 늘어놓는 윌킨스 부인, 드웨컴, 스퀘어의 이기적이고 금전적인 욕망과 대비된다.

"그녀는 비슷한 불평을 더 중얼거렸지만, 독자에게는 이 정도의 맛보기면 충분할 것이다."

이런 방식으로 화자는 독자와 등장인물들이 존재하는 세계 사이의 중재자가 된다.

종교와 철학의 원칙들을 통해 각자의 분노를 정당화하려는 드웨컴과 스퀘어는 사실상 불가분의 관계이며, 한 쌍을 이뤄 철학이 이론에만 의존하면 무의미하다는 필딩의 주장을 강조한다. 서로의 부족함을 메워주는 두 사람의 견해는 합쳐지면 세상의 모든 행위를 정당화할 수 있다. 필딩은 덕은 이론이 아니라 행동에서 나온다고 교묘히 암시하는데, 소피아를 두 차례 구하는 존스는 그 '행동하는 주인공'

에 부합한다. 유일한 단점이라면 자제력 부족인데, 올워디가 항상 충고하듯 '사리분별과 신앙심'을 배워야 하지만 지나친 행동은 악의에서 비롯된 것이 아니기 때문에 용서받을 수 있다.

제5권은 사랑, 질병, 집안싸움을 전쟁처럼 묘사하는 장면이 주류를 이룬다.

존스라는 요새는 방금 기습을 당했고… 사랑의 신이 의기양양하게 진입했다.(4장)

의사와 질병은 공정하고 대등한 싸움을 벌여야 한다.… 우리는 종종 후자에게 시간을 주어 프랑스 군대처럼 요새를 구축하고 진지를 강화하도록 내버려둔다.(7장)

Book 6

1장

제5권은 '사랑의 열정'을 다루었기 때문에 제6권에서는 사랑의 관념을 좀더 깊이 탐구하려 한다. '나는' 일부 철학자들과의 논쟁을 피하기 위해 사랑에 관한 4개의 정의를 인정하겠다. 첫째, 사랑을 경험하지 않은 사람들이 있다. 둘째, 사랑은 욕정에 의해 지배될 수 없다. 셋째, 사랑은 자기만족을 추구한다. 넷째, 사랑이 이성(異性)을 향해 작용하면 욕정에 도움을 청한다.

'내가' 보기에 다른 사람의 행복에 기여하는 것을 즐거워하는 사람들이 많은데, 지고한 형식의 사랑이다.

2장

이튿날 아침, 아버지는 딸이 감상에 젖어 있는 낌새를 눈치 채지 못했지만, 궁정 주변생활을 체험했고 다방면에 박식하며 세상물정에도 밝은 웨스턴 부인은 지난 날 싸움

현장에서 소피아가 기절했던 일을 상기시키며 블리필과 사랑에 빠졌노라고 말했다. 웨스턴이 결혼을 통해 이웃한 사유지가 합쳐질 일을 상상하고 기뻐하면서, 누이동생의 충고에 따라 직접 결혼을 제안하기로 마음먹고도 돈에 무심한 올워디 씨에게 거절당할 것을 걱정하자, 웨스턴 부인은 '나약한 여자들'처럼 그런 가식에 넘어가지 말라며 핀잔을 주었다. 웨스턴은 발끈했으나 '오빠 집을' 떠나겠다는 위협에 그녀의 재산을 떠올리고 모든 발언을 취소한 결과, '평화협정을 체결하겠다'는 대답을 얻어냈다.

3장

소피아는 고모의 의심을 피하기 위해 존스보다 블리필에게 더 많은 관심을 보였으나 웨스턴 부인은 오히려 과장된 행동으로 자신을 속이려는 '고도의 술책'이라고 넘겨짚고 그 술수에 넘어갔다. 올워디 씨를 만찬에 초대한 웨스턴이 혼사를 제안하자, 올워디는 소피아를 아낌없이 칭찬하고 당사자들이 서로 좋아한다면 이의가 없다고 대답했다. 미지근한 반응에 실망한 웨스턴은 자녀의 배우자감을 보는 눈은 부모가 훨씬 낫다며 짜증을 냈다. 자식의 결혼문제를 부모가 결정하는 것에 반감을 갖고 있는 올워디는 자신의 뜻을 조카에게 강요하지 않을 작정이었지만, 소피아가 마음에 들었고 막대한 재산도 과히 싫지는 않았다.

4장

올워디 씨가 소피아와의 결혼을 권하자, 철학이나 공부를 통해 욕망을 쉽게 절제할 수 있었던 블리필은 사랑의 감정은 전혀 없었으나 그녀의 재산에 대한 '탐욕과 야심'이 동한 나머지 '외삼촌의' 뜻에 따르겠다고 대답했다.

이튿날 아침, 올워디는 블리필이 언제든 소피아를 만날 준비가 되어 있다는 편지를 썼고, 웨스턴은 딸의 의견은 듣지도 않은 채 그날 오후로 약속을 잡았다.

5장

소피아의 방을 찾은 고모는 오래 전부터 사랑의 후광을 눈치 챘다며, 아버지가 혼담을 제의하고 올워디 씨가 받아들여 '오늘 오후에' 그 청년과 만나기로 약속했다고 일러 주었다. 소피아는 의외의 소식에 깜짝 놀라면서도 존스를 떠올렸다.

"아주 용감하면서도 신사답고, 재치가 뛰어나면서도 호감을 주고, 아주 인정 많고, 아주 예의바르고, 아주 점잖고, 아주 잘생겼죠! 이런 자질들에 비하면, 천한 출신이란 것이 무슨 대수겠어요?"

'천한 출신'이란 말을 듣고 불현듯 동상이몽을 깨달은

웨스턴 부인은 '업둥이'와의 결혼으로 가문을 먹칠하려 한다며 분노했다. 소피아가 아버지에게는 알리지 말라고 눈물로 간청하자, 고모는 그날 오후 블리필과 '예의를 갖춰' 만난다는 조건으로 그 청을 받아들였다.

6장

이미 열쇠구멍을 통해 모든 이야기를 들은 아너 부인은 '아가씨께서' 마음에 둔 남자와 살 수 없다면 그 많은 재산도 쓸모없다면서, '가여운' 존스가 그날 아침 내내 침울한 모습으로 수로 주변을 서성대던 모습이 머리에서 떠나지 않는다고 덧붙였다. 소피아는 즉각 모자를 썼다가 리본이 어울리지 않는다며 다른 모자를 가져오게 해서 바꿔 쓰고 달려갔지만, 간발의 차이로 길이 엇갈렸다. 이처럼 불행한 사건에서 보듯, 모든 여성 독자는 허영을 조심해야 한다.

7장

블리필은 수줍어하면서 처음 15분간 한 마디도 못하다가 갑자기 '무리하고 부자연스러운 찬사'를 퍼붓기 시작했다. 소피아는 버틸 만큼 버티다 방을 나갔고, 그녀의 마음보다는 '재산과 육체'에만 관심이 있는 블리필은 그 만남이 만족스러웠다.

과하게 애정을 표하고 블리필을 돌려보낸 웨스턴은 곧

바로 딸을 찾아 한껏 사랑이 넘치는 말을 쏟아냈고, 소피아는 그 기회를 놓치지 않고 '제가' 싫어하는 남자와 결혼시키지 말아달라고 간청했다. 웨스턴은 만약 결혼에 동의하지 않는다면 '땡전 한 푼' 주지 않고 길거리에서 굶어죽더라도 내버려둘 테니 잘 생각해 보라며 딸을 내동댕이치고 밖으로 나갔다.

웨스턴으로부터 이야기를 전해들은 존스는 '따님의' 마음을 돌려보겠다는 핑계를 대고 만나도 좋다는 승낙을 얻어냈다.

8장

존스가 찾았을 때, 소피아는 아버지가 내동댕이친 곳에서 입술에 피를 흘리며 울고 있었다. 존스는 '아버지께서' 딸의 마음을 바꿔보라고 보내서 왔다며, 아버지의 부당한 강요에 따르면 안 된다고 힘주어 말했다. 소피아는 아버지를 거역하면 아버지의 불행과 존스의 파멸을 초래한다며 괴로워했지만, 존스는 헤어질 수 없다며 손을 잡았다.

9장

그 사이, 홀에서 우연히 만난 오빠로부터 자초지종을 전해들은 웨스턴 부인은 조카딸이 약속을 깼다는 생각이 들자 비밀을 밝혔다. 성별 차이 못지않게 동등한 재산과 환

경을 결혼의 필수조건으로 생각하고 딸이 '다른 종의 동물'
이나 마찬가지인 가난뱅이를 사랑할 것이라고는 꿈도 꾸지
않았던 웨스턴은 욕설과 저주를 퍼부으며 달려가 '두 마리
비둘기'를 덮쳤다. 기절한 소피아가 도와달라는 웨스턴의
외침을 듣고 달려온 하인들의 부축을 받으며 방을 나간 뒤,
웨스턴은 존스에게 덤벼들었고, 교구 목사는 웨스턴을 제
지하는 한편, 변명은 다음 기회로 미루라며 존스를 돌려보
냈다.

10장

만남에 대해 블리필의 설명을 듣고 흡족해진 올워디
씨는 결혼을 더욱 원하게 되었다. 그런데 갑자기 나타난 웨
스턴이 '업둥이'를 신사처럼 키워 '우리 집안'을 망쳐놓게
생겼다고 비난하자, 올워디는 그동안 '그 아이들이' 사랑하
는 낌새를 알아차리지 못한 것이 가능한 일인지 물었고, 전
혀 눈치 채지 못했다는 웨스턴은 빨리 돌아가 딸을 감시해
야 한다며 작별을 고했다.

올워디가 조카에게 의향을 물었다. 블리필은 여러 사
람의 행복을 위해 결혼하겠다고 대답하고, 존스가 '외삼촌
께서' 사경을 헤맬 때 만취해 춤을 추었고 제지하는 '저를'
때렸으며, 그날 저녁에는 '어떤 계집'과 놀아나다 들키자
나무라는 드웨컴에게 폭행을 가했지만 '저와 선생님은' 용

서하고 잊었으니 '외삼촌께서도' 용서하라고 말했다. 올워디는 드웨컴을 불러 사실을 확인했다.

11장

올워디 씨는 존스의 비행을 나열하며 해명하지 못하면 내쫓겠다고 윽박질렀다. 존스는 모든 일을 시인하면서도 그처럼 가혹한 처벌을 받을 만한 죄는 저지르지 않았다고 대답했다. 올워디는 구제불능의 나쁜 놈이라 내쫓겠지만 '기른 정' 때문에 부지런하면 먹고 살 수 있는 돈을 주는 것이라며 봉투를 건넸고, 특히 '착한' 블리필에게 못되게 행동한 것이 가장 화가 난다고 다시 나무랐다.

이웃사람들은 올워디가 존스에게 '거금 500파운드'를 주었다는 사실을 모르고 '착한 신사'의 가혹한 처사를 비난했다.

12장

존스에게 가장 난제는 소피아와의 관계였지만, 그녀를 파멸과 거지 생활로 내몰거나 올워디 씨의 소망을 저버릴 수 없다는 결론을 내리고 이별 편지를 썼다. 그러나 미칠 듯 동요된 상태에서 지갑을 비롯한 모든 소지품을 잃어버렸기 때문에 편지를 봉할 밀랍도 없는 지경이었다.

존스는 길에서 만난 블랙 조지와 함께 시냇가로 가서

잃어버린 물건들을 찾아보았지만 허사였다. 바로 전에 토끼 덫을 놓으러 갔던 조지가 이미 챙기고 모른 척하고 있었던 것. 소지품 찾기를 단념한 존스는 편지를 아너 부인에게 전하라며 건넸고, 조지는 다른 남자와는 결혼하지 않겠다는 소피아의 편지를 들고 돌아왔다. 그 편지를 수없이 읽고 수없이 입을 맞춘 존스는 작별 편지 보낸 것을 후회하며 길을 떠났다.

13장

소피아는 고모로부터 상류사회에서 사랑이란 것은 비웃음의 대상이고, 결혼은 여자들에게 재산 형성이나 자기 과시 수단에 불과하다는 설교를 들으며 그날을 보냈다. 올워디 씨 저택에서 돌아온 웨스턴은 방에 있는 딸을 들여다보고 문을 잠근 뒤, 열쇠를 아너 부인에게 맡기며 단단히 지키라고 엄명했다. 소피아는 존스의 편지를 읽으며 울었고, 아너는 블리필의 외모와 예법을 칭찬하며 달랬다. 존스가 빈손으로 쫓겨났다는 말을 들은 소피아는 가진 돈 16기니를 존스에게 보냈다. 아너로부터 그 돈을 받은 블랙 조지는 챙기려고 잠시 머뭇거리다 전해 주었다.

14장

온종일 외출했다 돌아온 웨스턴 부인은 소피아를 감금

했다는 오빠의 말에 여자는 노예가 아니며 남자처럼 자유
로울 권리가 있고, 강압이 아닌 이성과 설득으로 수긍시켜
야 한다면서, 오빠의 어리석은 행동 때문에 자신의 설교가
빛을 바랬다고 나무랐다. 발끈한 웨스턴은 화제를 정치로
옮겼다가 '나라보다 더 큰 위험에 빠진 딸이나 걱정하라'는
면박에 '여자 관리는 여자가 가장 적임자'라며 딸을 누이동
생에게 맡기기로 결정했다.

제6권은 재산과 신분을 중시하는 당시의 결혼관에 맞
서는 존스와 소피아의 힘겨운 연애를 자세히 묘사한다. 한편,
존스의 추방은 이야기의 분위기가 두 시골 가문에 관한 정
적인 묘사에서 여행 때문에 끝없이 변화하는 환경으로 바
뀌는 것을 예고하는데, 정치적 분쟁에 관한 빈번한 언급에
서 입증되듯 필딩 자신의 관심사가 실제로 폭을 넓히고 있
다. 웨스턴의 성격은 국왕 조지 2세가 이끄는 새 하노버 정
부에 반대하는 시골 보수신사를 풍자한 것이며, 2장에서 웨
스턴이 읽는 토리당 지지 신문 런던 이브닝 포스트는 실제
로 필딩이 몇몇 다른 글에서 비판한 적이 있다.

웨스턴 부인이 '도시 여자'의 전형이라면, 웨스턴은 '시
골 남자'의 표준인데, 당시 성행했던 시골과 도시의 경쟁뿐

만 아니라 남녀관계도 보여준다. 웨스턴은 정치문제에 '여자들이 끼어들어서는 안 된다'고 주장하는 반면, 웨스턴 부인은 남성을 '극도로' 경멸한다고 주장한다.

소피아를 다루는 웨스턴의 난폭한 방식들과 웨스턴 부인의 부드럽고 외교적인 대화 사이에 생기는 긴장은 소설 내내 다툼으로 확장된다.

Book 7

1장

　세상과 '우리의' 삶은 종종 연극에 비유되어 왔으며, 실제로 연극 무대는 현실세계를 묘사하거나 모방한 것에 불과하다. 따라서 '우리는' 실제 인생과 연기를 구분할 수 없을 만큼 잘 모방하는 사람들에게 박수갈채를 보내는지도 모른다. 그러나 인생은 연극이란 비유에서는 관객이 고려된 적이 없지만, 공연은 종종 관객들 앞에서 펼쳐지기 때문에 관객들의 행동도 배우들 연기 못지않게 비유의 여지를 남긴다. 예를 들면, 블랙 조지가 존스의 500파운드를 챙기는 장면에 대한 관객들의 반응을 살펴보자. 저급한 싸구려 관객들은 고함과 욕설을 내뱉었을 것이고, 수준이 조금 높은 관객들은 가혹한 징벌을 요구하거나 '세상사 그런 것'이라며 대수롭지 않게 여길 수도 있으며, 칸막이 특석 관객들은 대부분 늘 그렇듯이 '딴짓거리'를 했을 것이다.

　여기서 '우리는' 블랙 조지라는 인간 자체에 대해 절대

적 혐오감을 느끼지 않으면서도 행동은 비난할 수 있다. 인생은 악역만 맡도록 의도되지는 않았을 것이고, 단 한 번의 악행이 사람을 악당으로 만들지도 못하기 때문이다. 따라서 공평무사하고 진정으로 남을 이해하는 사람이라면 누군가의 악행이나 불완전한 성격에 대해 분노의 감정을 실어 비난하지는 않을 것이다. 일반적으로 험담을 입에 달고 사는 최악의 인간들은 가장 먼저 비열하고 천박한 고함을 질러대는 저급한 싸구려 관객을 닮았다고 할 수 있다.

2장

존스는 올워디 씨가 보낸 소지품과 '이곳을 떠나라'는 내용이 담긴 블리필이 대필한 편지를 받았다. 이어 소피아를 포기해야 하는 현실을 한탄하던 존스는 배를 타기로 결심하고 말을 빌려 브리스톨로 향했다.

3장

감금에서 풀려난 소피아는 결혼 거부가 유일하게 아버지와 고모의 뜻을 거역하는 것이고, 싫어하는 남자와는 결혼하지 않겠다며 고모에게 간절히 도움을 청했다. 웨스턴 부인은 결혼에서 가장 중요한 문제는 '두 가문의 결합'이며, '너는 도구에 불과하다'고 설교했다. 밖에서 이야기를 듣고 있던 웨스턴이 딸에게 욕설을 퍼부으며 방 안으로 들어오자,

누이동생은 몰상식한 행동으로 자신의 중재 노력을 또다시 무산시킨다고 나무랐다. 이에 질세라 웨스턴은 '순종적인 아이에게' 온통 쓸데없는 왕실 얘기를 주입시켜 못쓰게 만들었다고 악을 썼고, 웨스턴 부인은 자리를 박차고 뛰쳐나갔다.

4장

웨스턴은 남자들이 항상 '계집들의' 변덕 때문에 박대당한다며, '네 엄마한테' 당한 일로도 충분하다고 넋두리했다. 소피아가 열한 살 때 세상을 떠난 어머니는 외할아버지의 강요에 못이겨 아버지와 결혼했다. 웨스턴은 '충직한 하녀 같은' 아내에게 좀처럼 욕을 하지 않았고(아마 일주일에 한 차례 미만), 결코 주먹도 휘두르지 않는 '좋은' 남편이 되어 보답했으며, 딸이 아버지보다 어머니를 훨씬 더 사랑하는 것을 질투했고, 좋지 않은 일이 생기면 죽은 아내에 대해 불평하며 만족감을 느꼈다.

5장

소피아는 아버지가 어머니에 대해 독설을 퍼붓는 동안 침묵했다. 웨스턴은 더욱 화를 내며 딸이 고모 편도 들 것이라면서 누이동생까지 싸잡아 비난했다. 소피아가 이 세상에서 '고모보다 오빠를 더 사랑하는 사람은 없을 것'이고,

죽으면 재산도 아버지에게 남길 것이라고 대꾸하자, 마음이 누그러진 웨스턴은 누이동생과의 모든 논쟁이 실은 소피아 탓이라고 눙치면서, 고모를 떠나지 못하게 잡으라는 딸의 간청에 못이기는 척 재빨리 방을 나갔다. 소피아는 존스의 편지를 되풀이해서 읽으며 편지와 토시를 눈물로 적셨다. 아너 부인은 마을의 훌륭한 청년들 이름을 나열하며 위로하다가 화만 돋우고 쫓겨났다.

6장

다시 손을 잡은 웨스턴 남매는 불시에 결혼을 실행하기로 결정했다. 때마침 찾아온 블리필은 소피아를 만나고 밖으로 나와 환대에 만족한다고 말했지만, 누이동생과 함께 그들의 대화를 엿들은 웨스턴은 최대한 빨리 결혼을 밀어붙이기로 마음먹었다.

사실, 블리필은 그 만남에서 소피아의 증오심과 경멸감을 확인했고, 똑같은 감정을 느꼈다. 그러나 소위 모든 사내들의 공통 자질인 여자에 대한 '식욕'이 전혀 없지 않았고, 괴로워하는 그녀의 모습이 오히려 아름다움을 돋보이게 만들어 욕망과 승리감을 부추겼으며, '많은 독자가 크게 혐오감을 갖지 않을 속셈', 즉 웨스턴의 재산도 탐났기 때문에 결혼을 간절히 원했다.

'협정'은 올워디 씨가 웨스턴과 블리필의 말을 듣고 만족하면서 성사되었으나 소피아의 방해에 직면했다.

7장

아너 부인은 소피아에게 '내일 아침'의 결혼 소식을 전하고, 저라면 '도련님이 매력 있고 정중하며 미남'이라 결혼하겠다고 충고했다. 소피아는 '오늘 밤' 집을 떠나야겠으니 동행하자면서 언제든 자기 집으로 오라고 초대한 친척 귀부인을 찾아갈 계획이라고 말하자, 추위와 도둑을 내세워 한밤의 도보여행을 만류하던 아너는 보상을 약속받고는 '소중히 여기는' 옷가지들을 갖고 떠날 수 있도록 '오늘 오후에 해고당하겠다'고 장담했다.

8장

아너 부인이 웨스턴에게 밀고하고 챙길 수 있는 보상과 도주로 얻게 될 런던 구경과 금전적 보상을 놓고 저울질할 때, 웨스턴 부인의 하녀가 '시골 아가씨의 하녀'라며 약을 올렸다. 아너는 '우리 아가씨가 당신 마님보다 훨씬 더 젊고 천 배나 예쁘다'며 되받아쳤고, 때마침 그곳을 지나다 하녀의 고자질을 듣고 발끈한 웨스턴 부인은 오빠가 당장 '네 년을' 내쫓지 않으면 다시는 '이 집에서' 머물지 않을 것이라며 오빠를 찾아 나섰다.

9장

치안판사 웨스턴은 아너 부인을 브라이드웰 감옥에 보내겠다고 장담했지만, 권한남용이라는 서기의 충고에 따라 '당장 짐을 꾸리는' 선에서 마무리했다. 자정에 모처에서 아너와 만나기로 약속한 소피아도 떠날 채비를 갖추었다.

그보다 앞서 웨스턴은 아버지의 뜻에 따르겠다는 딸의 말에 기쁜 나머지 필요한 패물을 구입하라며 거액의 돈을 주었다.

부모들이 사랑의 징표로 자식에게 돈을 주는 것은 보편적 현상이지만 자식을 불행하게 만드는 일이며, 인간이 생각해낼 수 있는 바보짓들 중에서도 가장 이해하기 어려운 행위인 것 같다.

소피아는 기뻐하는 아버지를 보며 도주에 일말의 가책을 느꼈으나 존스 생각이 효성을 압도했다.

10장

존스와 안내인은 길을 잃고 이곳저곳을 헤맸다. 첫 번째 마을에서 존스가 길을 묻고 있을 때, 퀘이커교도 브로드브림이 다가와 날이 어두워 길을 찾기 어렵고 인근에서 강도 사건도 여러 차례 있었다며 가까운 여관으로 안내했다. 여관 주인 로빈은 아내가 모든 것을 자물쇠로 채우고 열쇠를 가져가 숙박이 편치 않을 것이라고 말했지만, 실은 얼마 전 결혼한 딸과 아내가 작당해서 돈과 물건을 모두 가져간 상태였다. 로빈은 안내인으로부터 존스가 대지주의 집에서 살다가 쫓겨난 '업둥이 같다'는 이야기를 듣고 빈방이 없다며 내보려고 했지만, 존스는 의자에서 잠을 청했다.

11장

한밤에 일단의 병사들이 여관에 들이닥쳐 주인에게 맥주를 요구했고, 존스는 그들과 어울렸다. 갈증을 해소한 병사들은 자기 몫의 액수를 내지 않으려고 격렬하게 다투다가 존스가 술값을 모두 지불하자 찬사를 보냈다. 자유에 대한 사랑과 청교도 신앙 때문에 불현듯 군 입대를 생각한 존스는 부사관 일행이 출발할 때 따라나섰다. 숙영지에서 부사관으로부터 존스를 소개받은 중위는 '기품 있는 모습'에 깜짝 놀랐다.

12장

60세 가까운 중위는 40여년간 진급도 못한 채 손자뻘인 상관들의 명령을 받는 신세였다. 중위의 진급 누락은 권력자 친구가 없다는 이유 이외에 사령관이 연모한 그의 아내가 남편의 진급은 아랑곳없이 정조를 굳게 지켰기 때문이다. 그 '불운한' 장교는 '신앙심 깊고 정직하고 착한 사람'

이었으며, 부하들이 존경하고 따르는 훌륭한 지휘관이었다.

존스는 장병들과 어울려 술을 마시며 전투에 임하는 병사들의 자세를 논하다 싸움이 붙었고, 기수병 노서턴이 던진 병을 정수리에 맞고 의식을 잃었다. 중위는 노서턴을 가두라고 지시했다. 잠시 후, 여관 안주인의 응급조치로 의식을 되찾은 존스는 의사의 지시에 따라 침대로 옮겨졌다.

13장

존스가 처신을 잘못했다면 죽어 마땅하다고 흥분하던 여관 안주인은 중위가 이 청년은 훌륭하고 가해자는 반드시 처벌하겠다고 다짐하자, '사람은 겉만 봐서는 알 수 없다'면서 그가 죽었다면 부모가 얼마나 상심했겠느냐며 말을 바꿨다.

중위는 상태가 호전된 존스에게 노서턴을 불러내 결투하되 '명예의 상처는 치료를 조금 늦춰도 전혀 고통스럽지 않다'면서, 기력이 회복될 때까지 기다리라고 충고했다.

14장

자정, 부사관에게 칼 한 자루를 구입한 존스는 핏자국이 낭자한 외투를 걸치고 노서턴이 구금된 방을 찾아갔다. 초병은 흉측한 몰골로 다가오는 존스를 보자, 총을 오발하고 기절했다. 방은 비어 있었다. 실망한 존스는 사람들이 몰려들기 전에 자기 방으로 돌아왔다.

15장

중위는 초병이 잠을 잤거나 뇌물을 먹고 노서턴의 도주를 방조했다며 처벌을 다짐했다. 그러나 노서턴은 '잘생긴 외모'에 호감을 가졌던 여관 안주인의 도움을 받아 탈출한 것이었고, 그가 안주인에게 맡겨두었던 부대원들의 공금 5파운드도 한몫을 했다.

급사를 통해 아래층에서 벌어지는 소란에 대해 알게 된 존스는 중위를 불러 사건의 내막을 들려주며 초병을 처벌하지 말라고 간청했다. 중위는 행군이 시작되면 적당한 곳에서 풀어주겠다는 약속과 함께 작별을 고했다.

이 작품은 존스가 브리스톨로 향하고 소피아가 도주를 준비하면서, 출발 때부터 목표나 행선지가 불분명한 여행을 다루는 악한소설*의 형태를 갖춘다.

---

* **악한소설**(picaresque): 16세기 스페인에서 발생한 소설 양식이며, 악한이 주인공. 기사들의 환상적 로맨스나 상류층의 이상주의적 문학에 맞서는 하류층 문학으로 기존 관습에 대한 반동 형태를 지니며, 뚜렷한 구성 없이 에피소드를 나열하는 것이 특징. 건달소설.

앞의 여러 권에서 웨스턴 남매가 간단히 언급한 전쟁은 존스가 여관에서 장병들과 조우하며 현실이 되지만, 필딩은 군대 자체보다는 그 구성원들의 관계를 통해 세상의 부조리에 더 많은 관심을 기울였다. 예를 들면, 존스가 술값을 적게 내려는 병사들의 싸움을 말리기 위해 돈을 대신 낸 뒤 실전 경험이 전무한 부사관의 꾸며낸 전쟁 이야기에 귀를 기울이게 만들고, 중위의 진급에 얽힌 일화를 들려주면서 군대의 비리를 다루는 것. 그리고 여관 안주인의 입을 통해서는 인간의 간사한 태도, 기독교도들의 위선, 정부의 가렴주구(苛斂誅求)를 비난한다. 따라서 이 '역사이야기'는 제임스 2세파의 반란에 관한 역사가 아니라 개인적인 삶의 면면들과 세상에 존재하는 선과 악의 사례들을 들춰내 콜라주 형식으로 종합한 것이다.

Book 8

1장

이 작품의 장르는 '믿을 수 없는' 글이 아니라 '놀랍고 진기한' 글이다. 작가들은 '가능성'과 '개연성'이라는 한계를 설정해야 하며, 불행히도 고대 작가들처럼 '초자연적 행위자'의 도움에 의존하면 안 된다. '우리에게' 조금이나마 유일하게 허용될 수 있는 초자연적 행위자는 유령들뿐이고, 사용할 때는 독극물처럼 최대한 조심해야 한다. 따라서 최고의 주제는 '인간'이며, 글은 '난쟁이나 요정 같은 허황된 존재늘'로 훼손되면 안 된다. 즉 작품 속 행동들은 인간이 행했을 것으로 가정되거나 실제로 행했을 법한 것이어야 한다.

2장

중위로부터 존스가 상류층 자제인 것 같다는 말을 들은 여관 안주인은 존스를 찾아와 한껏 공손하게 '망나니 병사들'과 어울려 다니지 말고 '친구들에게' 돌아가라면서, 소피아가 '이곳에' 여러 차례 묵었으며, 옛날에 '지주님 댁'에 가서 '도련님을 제 무릎에 앉힌 적'도 있다고 수다를 떨었다. 존스가 너무 반가운 나머지 병사들과 어울린 이유를 밝히기 위해 빈 지갑을 흔들어 보이자, 태도가 돌변한 안주인은 자리를 박차고 나가버렸다.

본래 저급한 부류의 인간들은 상류층 사람들에게는 기꺼이 공짜로 존경심을 제공하면서도, 같은 계층의 사람들에게는 용의주도하게 수고의 대가를 받지 않고는 결코 그런 것을 제공하지 않는 법이다.

3장

사실, 여관 안주인은 소피아에 관해 전혀 몰랐으며, 중위의 말을 주워듣고 되풀이한 것에 불과했다. 존스의 상처를 치료하러 다시 찾아온 의사는 안주인으로부터 빈털터리라는 말을 듣고 존스에게 달려가 진료비를 청구했다가 거절당하자, 화를 내며 돌아갔다.

4장

이발사 '작은 벤저민'을 불러 면도하는 사이, 그의 달변에 흥겨워진 존스는 친구가 되고 싶다며 '식사 후에 술을 한잔 하자'고 청했다.

존스가 식사하는 동안, 여관 안주인은 이발사와 주변 사람들에게 존스의 과거에 대해 이야기하고 있었다. 일부는 존스에게 직접 들은 것이고, 일부는 지어낸 것이었다. 이발사가 그 지역 친구들로부터 존스가 올워디 씨의 아들이란 이야기를 들었노라고 말하자, 안주인은 진작 알았더라면 '신사 손님을' 모욕하지 않았을 것이라고 아쉬워했다.

5장

이발사는 '도련님께서 어릴 때 딱 한 번 뵌 적이 있다'며 올워디 씨의 안부와 '하인도 없이' 여행하는 이유를 묻고, 블랙 조지에게 베푼 친절을 많은 마을사람들로부터 들었다면서 그처럼 친절한 행위 덕분에 '모든 사람의 사랑을 받게 된 것'이라고 말했다. 존스는 지난 이야기를 들려주면서 올워디에게 비난이 전가되기보다는 자신이 죄를 덮어쓰고 싶었지만 마음먹은 대로 되지 않았다.

사람이란 자신의 행동에 대해 언급할 때는 무심코 자기에게 유리한 쪽으로 이야기를 전개시킨다. 같은 사건도 본인과 적의 설명에 따라 전혀 다른 이야기가 되는 것이 세상 이치인 것.

이발사가 존스와 블리필 사이에 문제를 일으킨 여자의

이름을 간절히 알고 싶다고 말하자, 존스는 '이름이 이미 널리 공개되었기 때문에 감추지 않겠다'며 '소피아 웨스턴'이라고 밝혔다.

6장

이튿날 아침, 상처가 걱정스러웠던 존스는 의사를 찾았고, 여관 하인은 어젯밤 함께 있었던 이발사가 인근에서는 가장 뛰어난 의사라며 불러주었다. 존스는 치료를 마친 '작은 벤저민'에게 살아온 이야기를 들려달라고 청했다. 벤저민은 자신이 '도련님의 아버지'라고 소문난 파트릿지이지만 사실이 아니며, 블랙 조지에게 베푼 선행을 전해듣고 '도련님을 좋아했다'면서, '도련님' 때문에 당한 고통을 보상하는 의미에서 함께 참전할 수 있도록 허락해 달라고 요청했다. 존스가 '9기니가 전 재산'이기 때문에 도와줄 수 없다고 대답하자, 그는 '도련님'의 장래성을 확신한다며, 지금은 더 부자인 '제 돈을 마음대로 쓰라'고 덧붙였다. 존스와 파트릿지는 함께 길을 떠난다.

7장

존스를 올워디 씨의 아들이라고 믿었던 파트릿지는 '내쫓겼다'는 말을 듣고 놀랐으나 가출한 것으로 결론짓고 집으로 돌려보내 많은 보상금을 챙기고 고향으로 돌아가고픈 간절한 소망도 이루려고 마음먹었다. 존스는 통풍으로 침대에 누워 지내는 여관 주인과 경마 이야기로 친해졌다. 그는 아내와 싸우며 많은 시간을 보냈고, 아내는 줄곧 '첫 남편'을 입에 올리며 남편 속을 긁었다. 떠나는 존스와 파트릿지에게 바가지 숙박비를 받아낸 안주인은 작별인사도 건네지 않았다.

8장

글로스터에 도착한 존스와 파트릿지는 화자가 '독자에게 추천해 드리는' 벨 여관에 투숙했다. 아름답고 착하고 총명한 안주인 화이트필드 부인은 존스의 태도에서 '속물들과 다른 자질을' 감지하고 그날 저녁식사에 초대했다. 존스는 그 자리에서 블리필 부인의 사망 소식을 전했던 변호사 다울링과 아무 사건이나 맡을 용의가 있는 엉터리 변호사를 만났는데, 시시한 대화에 기분이 상한 나머지 식사가 끝나자마자 자리를 떴다. 엉터리 변호사가 올워디 씨 댁에서 보았던 존스를 기억해내고 '말 절도죄로 교수형당한 남자의 사생아' 토머스 존스라며 험담을 늘어놓았다. 이후, 존스를 불한당으로 생각한 안주인이 냉랭하게 대하자, 감정이 상한 존스는 계산을 마치고 여관을 떠났다.

9장

새벽 무렵 글로스터를 떠나 추위에 떨며 길을 헤매던 파트릿지는 '훌륭한 여관'으로 되돌아가고픈 생각이 간절했지만 존스의 고집에 따라 발걸음을 재촉했다. 존스는 '이 세상에서 가장 아름다운 여인도' 같은 달을 바라보고 있을지 모른다며 사랑해 본 적이 있는지 물었고, 파트릿지는 '세상에서 가장 무정하고 지독한 마누라 때문에' 사랑의 단맛뿐만 아니라 쓴맛도 경험했노라고 대꾸했다. 존스가 금화 1기니를 건네며 돌아가라면서, 지금 가장 큰 바람은 '국왕 폐하와 조국에 봉사하기 위해 영광스럽게 죽는 것'이라고 말하자, 파트릿지는 불현듯 그들이 서로 반대파라는 사실을 깨달았다. 즉 존스는 국왕 조지의 편이고, 파트릿지는 제임스 2세파 반란군의 편이었던 것. 그럼에도 파트릿지는 존스가 올워디 씨의 아들이자 상속자가 된다는 사실을 믿어 의심치 않고 큰 이득이 보장되는 '도련님을' 계속 따라다니기로 결심했다.

인간의 정신에는 사랑, 우정, 존경 같은 감정들이 아주 강력히 작용하지만, 현명한 사람이 남들을 이용해먹으려 할 때 빠트리지 않고 챙기는 중요한 요소는 바로 이해득실이다.

10장

작은 산 아래 도착한 존스와 파트릿지는 불빛을 발견

하고 다가가 문을 두드렸다. 창문에 모습을 나타낸 노파는 존스가 '훌륭한 신사'이고, '잠시 불만 쬐고' 떠나겠다는 파트릿지의 말에 반 크라운을 받고 문을 열어주었다. 잠시 후, 노파는 괴상한 복장에 거의 밤에만 산 속을 나다니고 사람들과 교류하지도 않는 '주인님께서' 돌아오면 화를 낼 것이라며 빨리 떠나라고 재촉했다. 그러나 존스가 '위대한 여행가'이자 '누구보다 박식한 산 사람'을 만나고 싶어 시간을 끌고 있을 때, 갑자기 문 밖에서 돈을 요구하는 사람들의 목소리가 들렸다. 존스는 재빨리 벽에 걸린 칼을 떼어 들고 밖으로 달려 나가 강도들을 쫓아버렸다. 노인은 '생명의 은인'이라며 존스를 환대했고, 존스는 사회를 등지고 살아가는 이유를 들려달라고 청했다.

11장

'산 사람'의 이야기. 1657년, '나는' 서머셋셔의 마크 마을에서 '신사 농부' 아버지와 심술궂고 잔소리 심한 어머니의 차남으로 태어났다. 공부에는 취미가 없고 사냥에 뛰어난 형과 달리, 학업성취도가 남달랐던 '나는' 옥스퍼드의 엑스터 대학에 유학했다가 막대한 유산을 물려받은 청년 조지 그레섬 경과 친해지면서 타락했다. 그레섬은 경제력을 앞세워 자기보다 재능과 실력이 뛰어난 착실한 청년들을 파멸시키며 기쁨과 성취감을 느끼는 방탕한 작자였지만,

오히려 '내가' 그를 나쁜 길로 인도한다는 비난을 들었다.

그 친구와 어울리느라 심하게 돈이 쪼들리던 '나는' 아버지가 송금을 끊자 룸메이트의 돈 40기니를 훔쳐 연인과 런던으로 도망쳤다. 그러나 곧 돈이 떨어져 찢어지는 빈곤 속에 살다가 연인의 밀고로 감옥에 갇혀 지내며 지난날을 반성했다. 이어 재판을 받기 위해 옥스퍼드로 이송되었으나 학교를 떠난 룸메이트는 왠지 '이 사건'에 개입하려 들지 않았다.

이때, 노인의 이야기를 끊은 파트릿지가 말 절도죄로 교수형당한 후 유령이 되어 나타나 증언대에 섰던 자기 친구를 두들겨 팼던 남자 이야기를 들려주었다.

12장

'산 사람'이 이야기를 계속했다. '나는' 무죄로 풀려났으나 마음이 불편했고 주변의 눈도 따가워 다시 런던으로 갔지만, '여러 작가들이 거악(巨惡)이라고 부르는 돈'도 친구도 없었다. 어느 날 밤, 굶주린 배를 움켜쥐고 길을 걷다가 대학 동창 왓슨을 만나 식사와 도박을 했다. '부자가 순식간에 빈털터리가 되고, 가난뱅이가 갑자기 부자가 되는 도박장은 철학자가 제자들에게 부가 얼마나 부질없는지를 가르쳐줄 수 있는 최적의 장소'라는 생각이 들었다.

13장

　사기도박꾼들과 어울리며 기술을 배워 2년간 왓슨과 온갖 흥망성쇠를 경험하며 생활하던 '나는' 밤거리에서 강도당한 피투성이 남자를 구했는데 '나를' 찾으러 왔던 아버지였다. 며칠 후, '나는' 아버지와 고향집으로 돌아가 '정신의 운동'인 철학과 성서 공부에 매달렸다. 4년 뒤, 아버지가 세상을 떠나고 형이 가장이 되자 기질과 삶의 목표가 전혀 다른 '우리 형제는' 결별했다. '나는' 의사의 권유에 따라 마비증상을 치유하기 위해 온천물을 마시러 바스에 갔다가 강물에 투신하는 사내를 구해 주고 이튿날 찾아가보니 왓슨이었다.

14장

　'나는' 100파운드를 빌리지 못하면 죽을 수밖에 없다는 왓슨에게 50파운드를 건넸고, 오후에 찾아갔을 때는 이미 도박으로 일부를 잃은 상태였지만 '도박을 끊겠다'는 각서를 받고 나머지 50파운드를 빌려주었다. 이후, '나는' 가톨릭 지지자인 왕자의 통치 하에서 청교도가 당할 고통이 걱정스러워 왓슨과 공작의 부대에 합류했다가 부상당하고 함께 탈영했다. 이튿날, 식량을 구해 오겠다던 왓슨은 '나를' 제임스 2세파에 밀고하고 자신의 죄까지 덮어씌웠다. 호송되던 길에 탈주한 '나는' 한적하고 황량한 '이 산'에 이끌려

정착했다. 그 후, 명예혁명* 소식을 듣고 형을 찾아가 모든 권리를 넘기고 일시금 1,000파운드와 일정액의 연금을 약속받았으며, 그동안 유럽을 거의 대부분 여행했다.

15장

'산 사람'은 여러 나라의 국민성을 간략히 설명하고, 여행 목적은 '하나님께서' 지구 곳곳에 다양하게 만들어놓은 모습들을 구경하고 즐기는 것이었다면서, 하나님의 피조물들 가운데 '그분께 불명예를 안겨준 유일한 작품'은 '내가 오래 전부터 대화조차 꺼렸던 작품,' 즉 인간이라고 말했다. 존스가 인간성은 다양하다고 반박하자, 어떤 민속의 상을 갖춰 입든 인간 본성은 모든 곳에서 같다며 말을 마쳤다. 존스는 노인이 가장 선한 사람들이 아니라 가장 악하고 비열한 사람들의 특성을 일반화하는 과오를 저질렀다면서, 인간에 대한 혐오감에 반대의사를 표명했다.

: 풀어보기

제8권은 브리스톨에서 글로스터까지 존스의 여행을 추

---

* **명예혁명**(Glorious Revolution, 1688): 시민들이 제임스 2세의 폭정에 대항해 일으킨 혁명. 17세기 왕권과 의회의 다툼에 종지부를 찍었으며, 이후 의회정치의 발달에 초석이 되었다. 유혈사태가 없었기 때문에 붙여진 명칭.

적하고, 파트릿지와의 관계 시작을 보여준다. 여기서 소개된 인물과 장면들의 풍성함은 파트릿지가 '작은 벤저민'이란 가명을 사용하면서 더욱 복잡해진다. 필딩은 흥미를 증폭시키기 위해 후반부에서 사람들의 성격과 일화를 복잡하게 엮어놓는데, 소설이 사회적 영역으로 점점 깊이 들어감에 따라 그들의 정체성이 더욱 의문스러워진다. 2장에서는 신사계급으로 여겨지는 여행자들에게는 아첨하고 하류층 여행자들은 괄시하는 여관 주인과 여주인들의 태도를 조롱하는데, 필딩은 전형적으로 이 비판을 긍정적 자질처럼 꾸미지만, 이 아첨꾼들은 오로지 외모에만 바탕을 두고 사람을 파악한다.

'산 사람'의 인생 이야기가 중심을 이루는 11-15장은 본래 줄거리에서 벗어난 가장 긴 일화란 점에 주목할 필요가 있다. 그 이탈 때문에 비평가들은 〈톰 존스〉를 명확하고 직설적인 화법 대신, 산발적이고 단절된 화법을 의식적으로 사용하는 로렌스 스턴*의 〈트리스트램 샌디 *Tristram Shandy*〉와 같은 종류로 분류한다. 필딩과 스턴은 모두 산발적인 줄거리 구성에 뛰어난 당대의 작가들이었다.

그러나 필딩이 작품 구조를 이렇게 결정한 것은 〈아이

---

* **로렌스 스턴**(Laurence Sterne. 1713-68): 영국 소설가, 목사. 파격적 형식으로 관능과 정서를 생생하게 묘사함으로써 소설의 가능성과 영역을 확대한 작가로 평가받는다. 대표작은 〈정치 로맨스〉 등.

네이드〉*의 노선을 따른 서사시로 생각했기 때문일 수 있고, 존스의 갖가지 모험과 다른 인물들의 총체적 모험은 이 작품을 서사시 수준까지 올려놓는다. 그러나 제8권 1장에서 이 작품을 '믿을 수 없는' 글과 분리시켜 고전 서사시와 구분한다. 〈아이네이드〉의 주인공 아이네이아스와 〈오디세이〉**의 주인공 오디세우스는 '초자연적 행위자들'에 의해 재앙에서 계속 구원받지만, 그 법칙에 따른 집필을 거부하는 필딩의 등장인물들은 인간이어야 하는 것이다. 심지어 실존한 여관 주인 '티모시 해리스 씨'의 등장은 필딩의 작품들이 현실에 근거를 두었다는 사실뿐만 아니라 그의 이야기에도 신빙성을 더해 주고 있다.

---

* 〈아이네이드〉: 고대 로마시인 베르길리우스(Vergilius. 영어로는 Virgil. 70-19B.C.?)의 서사시. 그리스 군에게 패하고 멸망한 트로이의 영웅 아이네아스가 신의 뜻을 받고 각지를 방랑하다가 라티움에 로마제국의 기초를 세운다는 내용.

** 〈오디세이〉: 그리스 시인 호메로스(Homeros. 영어로는 Homer. 800-750B.C.?)의 서사시. 이타카 섬과 주변 섬들의 왕 오디세우스가 트로이 전쟁에 승리하고 귀향하면서 10년간 겪는 모험, 아내와의 재회, 등을 그리고 있다.

Book 9

1장

소개의 장들은 독자가 '이 같은 부류의 역사이야기' 속에서 '참되고 진짜인 것과 거짓되고 날조된 것'을 구분하는 척도로 사용하도록 삽입한 것이다. '역사가'로 분류되는 '나 같은' 작가는 창의력과 판단력 등의 '천부적 재능,' '학식,' 모든 계층의 사람과 어울리며 현장 지식을 습득하는 '대화 능력,' 그리고 '선량한 마음'이나 '공감 능력'이 필요하다.

2장

동틀 무렵, 마자드 산에 올라가 장엄한 광경을 감상하고 내려오던 존스와 '산 사람'은 여자의 비명소리를 들었다. 재빨리 비탈 아래 숲으로 달려간 존스는 반라의 여자를 나무쪽으로 끌고 가는 남자를 붙잡아 여자가 애원하며 말릴 때까지 몽둥이로 두들겨 팼다. 여자는 감사를 표했으며, 존스는 오히려 자신이 기쁘다면서 여자를 일으켜 세웠다.

그 중년 여인은 미모는 뛰어나지 않았으나 찢겨진 옷 사이로 보이는 '탐스럽고 새하얀 젖가슴'이 매우 육감적이었다. 존스는 그 사내의 양손을 묶고 얼굴을 들여다보니 놀랍게도 기수병 노서턴이었다. 존스가 숲 밖으로 나가 '산 사람'에게 작별을 고하고 돌아오는 사이, 노서턴은 손이 묶인 채 달아났다. 존스는 그가 건네는 외투를 거절한 여자에게 '제시선으로' 불쾌감을 주지 않고 '당신' 매력에 굴복하지 않을 확신도 없기 때문에 앞서 걷겠다며 업턴으로 향했다.

3장

존스는 반라의 여자를 데리고 어느 여관으로 들어갔다. 그녀는 조만간 다시 만나 고마움을 표하고 싶다고 말했다. 질 나쁜 남녀가 그렇고 그런 일로 투숙했다고 생각한 여관 안주인은 존스가 여자 옷가지를 부탁하자, '평판이 훌륭한' 여관에서 나가라며 빗자루로 때렸고, 이어 여관 주인이 합세했다. 그때 나타난 파트릿지가 존스의 편에 섰고, 반라의 여인과 '건장한' 여관 하녀 수잔까지 뒤얽히면서 격화되던 싸움은 어떤 숙녀 일행이 도착하고 나서야 끝이 났다.

4장

부사관 한 명과 소총수들이 탈영병을 동반하고 여관에 들어와 맥주를 청했다. 존스가 베갯잇으로 몸을 감싼 여자

를 위로해 줄 때, 부사관이 다가와 '워터스 대위의 사모님'
이 아니냐고 물었고, 그녀는 자기가 '그 불행한 사람이 맞다'
고 대답했다. 여관 안주인이 황급히 달려와 사과한 뒤에 '사
모님'이란 호칭을 남발하며 겉옷을 건넸고, 몇 차례 도도하
게 거절하던 그녀는 존스의 간청에 못이기는 척 옷을 받았다.
파트릿지와 수잔은 '평화 동맹'을 맺었고, 부사관은 화해의
건배를 제의했다.

5장

영웅들은 신보다는 인간의 모습에 더 가깝다. 모든 인간의
정신은 지고한 원칙들을 갈망할지 몰라도 육신은 동일한 자연적
욕구의 지배를 받는다. 다시 말해, 사람은 누구나 음식을 먹어야
한다.

존스가 워터스 부인의 방에서 허겁지겁 소고기 1. 5kg
을 먹고 있는 동안, 그녀는 딴생각에 빠져 몸단장에 열중했
다. 만약 독자가 '이 세상에서 가장 준수한 외모를 지닌 젊
은이에 속하고' 착한 성품에 상냥하고 체격마저 나무랄 데
없는 존스를 더군다나 그의 '은혜'까지 입은 워터스 부인이
마냥 호감을 갖고 유혹한다고 해서 나무란다면 솔직하지
못한 사람이라고 말할 수 있다. 어쨌든, 부인의 뜨거운 추파

와 달콤하고 사랑스런 한숨소리, 등의 유혹에도 아랑곳없이 식사에 빠져 있던 존스는 식탁이 치워지자 재개된 공격에 속절없이 무너지고 말았다.

6장

워터스 부인과 존스가 열정을 불태우는 동안, 난롯가에서는 부사관이 워터스 부인이 자기 연대 소속 워터스 대위의 아내이며, 마지막 주둔지에서 기수병 노서턴과 가까이 지냈다는 말을 들려주고, 존스에 대해 물었다. 파트릿지가 '내 친구는 유명한 올워디 나리의 상속자'라고 밝히면서 좌중의 관심은 존스에게로 옮겨갔다.

숙녀가 여관을 떠나려 했지만, 만취한 마부 때문에 발이 묶였다. 여관 안주인이 위층에서 존스와 워터스 부인의 차 시중을 들며 그 숙녀 손님의 미모를 칭찬하고 사랑 때문에 가족들로부터 도망치고 있는 것 같다고 말하자, 존스는 깊은 한숨을 지었고, 워터스 부인은 그에게 연인이 있는 것 같다고 생각하다가 이내 대수롭지 않게 넘겼다. 그녀는 다른 여자의 존재 여부에 개의치 않고 '육체의 향연'을 즐길 수 있는 실속파였던 것.

7장

잠깐 독자가 궁금증을 느낄 워터스 부인과 노서턴의

관계를 짚고 넘어가자. 워터스 부인은 수년간 워터스 대위의 아내로 통했으나 실제로는 노서턴과 가까이 지냈다. 이후, 존스와의 다툼으로 감금되었던 노서턴은 탈출하자마자 워터스 부인을 만나 함께 웨일즈로 도망칠 계획을 세웠다. 이튿날 새벽녘, 우스터를 떠나 길을 걷다가 외진 곳에 이르자 노서턴은 그녀의 돈과 다이아몬드 반지를 강탈하려 들었고, 다행스럽게도 그 자리에 존스가 나타났던 것이었다.

불과 일곱 장으로 구성된 제9권은 이 소설에서 가장 짧은 편에 속하고, 존스가 워터스 부인을 노서턴으로부터 구출하는 사건에 초점을 맞추고 있다. 제8권에서 존스에게 부상을 입혔던 노서턴의 재등장은 필딩이 즐겨 사용하는 얽히고설킨 구조를 보여준다.

필딩은 1장에서 자신의 역사철학과 인물묘사를 설명하면서, '역사가'의 자격 기준으로 '천부적 재능,' '학식,' '대화 능력,' 그리고 '선량한 마음'이나 '공감 능력'을 제시하는데, 그 원칙들은 등장인물들을 비판하면서도 죄인으로 몰지 않고 애정을 담아 책망하는 필딩의 인물묘사 방식의 형태를 결정한다. 존스와 워터스 부인이 서로 매력을 느끼는 장면의 묘사(2장)에서는 유머가 넘치면서 성에 대한 필딩의 태도가 구체적으로 드러난다. 워터스 부인이 존스에게 다시 '고마움을 표하고 싶다'고 말할 때(3장)는 다분히 성적인 의도가 내포되어 있다는 확신이 든다.

이 소설의 대부분은 새뮤얼 리처드슨이 〈파멜라〉에서 주장한 "정숙함은 단순히 순결을 의미한다"는 정조의 개념에 대한 반발이라고 주장할 수 있다. 비록 순결이 여주인공 소피아의 입장에서는 중요하겠지만, 필딩은 남녀가 성적 욕망에 굴복하더라도 '헤프다'고 비판하지 않고, 더 나아가 완벽한 금욕은 부자연스럽다고 암시한다. 따라서 화자는 이 소설이 불멸의 인물들이 아닌 죽을 운명인 인간들의 서사시이자, 군사적 전투가 아닌 사랑의 '전쟁들'을 다룬 서사시라고 일깨워준다.(5장) 필딩은 서사시적 느낌을 증폭시키기 위해 지연과 김빼기 작전에 의존하는데, 그 예는 제9권 끝부분에 나타난다. 워터스 부인이 끔찍하게 얻어맞고 겁탈당하는 것처럼 보이는 사건이 실은 그저 그런 강도사건으로 밝혀지는 것.

Book 10

1장

　'나는' 독자가 이 작품을 제대로 이해하고 판단할 수 있도록 몇 가지 충고를 해야겠다. 첫째, 이 '역사이야기' 속의 내용들이 어떤 식으로 상호 연관되어 있는지 모른 채 결말에 이르기도 전에 성급하게 비난하지 말라. 둘째, 특정 등장인물들—제7권과 제9권의 여관 안주인들—의 유사성에 개의치 말라. 같은 직종에 종사하는 사람들은 대개 같은 특성들을 지니고 있기 때문에 여러 면에서 비슷한 것은 자연스럽다. 따라서 재능 있는 훌륭한 작가는 그 특성들을 끄집어내고 다양하게 표현하며, 유능한 독자는 그 미묘한 차이점들을 분별해낼 수 있다. 셋째, 이 작품 속의 어떤 인물이 완벽하게 선하지 않다고 해서 악인이라고 비난하지 말라. '나는' 살면서 한 번도 완벽한 인간을 만난 적이 없기 때문에 이 작품에는 등장시키지 않았다. 따라서 약간의 결점이 있더라도 선량한 사람들로부터 존경과 애정을 듬뿍 받을

만큼 착하다면, 그가 지닌 결점들은 혐오감보다는 동정심을
불러일으키면서 '우리에게' 더 큰 교훈을 주게 될 것이다.

2장

　　야심한 밤, 여관에 들어온 아일랜드 '신사' 피츠패트릭
이 아내를 쫓고 있다면서 한 움큼 금화를 내보이자, 마음이
동한 하녀 수잔이 즉각 워터스 부인을 떠올리고 그녀 방으
로 안내했다. 거칠게 잠긴 문을 부수고 안으로 돌진한 피츠
패트릭은 침대에서 뛰쳐나와 항의하는 존스에게 용서를 구
했으나 곧이어 흩어져 있는 여자 옷가지들을 발견하는 순간,
이성을 잃고 존스에게 덤벼들었다. 그때, 잠을 깬 워터스 부
인이 비명을 질렀고, 옆방에 투숙했던 또 다른 아일랜드인
매클라클랜이 달려와 피츠패트릭이 방을 잘못 찾은 것 같
다며 나무랐다. 머리회전이 빠른 워터스 부인은 자기 방과
존스의 방 사이에 통로가 있다는 사실을 생각해내고 사내
들을 싸잡아 나무라며 비명을 질렀고, 달려온 여관 안주인
에게도 여관이 아니라 '정조를 유린당할 매음굴에 들어왔
다'며 목청을 높였다. 피츠패트릭은 실수를 사과한 뒤에 슬
그머니 동향인과 함께 자리를 떴고, 존스도 그녀를 구하기
위해 부득이 속옷차림으로 달려왔다며 용서를 구하고 자기
방으로 돌아갔다. 워터스 부인은 안주인에게도 소동에 대
한 일말의 책임이 있다며 주의를 환기시켰고, 안주인은 여

러 차례 머리를 조아리고 방을 나갔다.

3장

돈을 노리고 결혼한 피츠패트릭은 막대한 재산을 탕진했고, 이후에 그의 아내는 학대를 견디지 못하고 가출했다.

우편배달부가 '아름답고 고상한 숙녀와 하녀'를 여관으로 데려왔다. 그 숙녀는 잠시 쉬어갈 수 있는지 물었고, 여관 안주인은 하녀 수잔에게 로즈 룸으로 안내하라고 지시했다. 숙녀가 자리를 뜨자, 주방에 모여 있던 사람들은 그녀의 뛰어난 미모, 고상한 옷차림, 상냥한 태도를 칭찬하느라 열을 올렸다.

4장

난로 앞의 공간 대부분을 차지한 숙녀의 하녀 에비게일 부인은 까다롭게 주문한 음식을 게걸스레 입에 넣으며 '지체 높은 손님들로 만원'이란 평판이 사실인지 물었고, 여관 안주인이 '젊은 지주 올워디 씨'를 꼽자, 놀라며 '잘 아는 분'인데 아들이 없다고 대꾸했다. 파트릿지는 그 청년이 '나리의 아들'이란 사실은 널리 알려져 있지 않지만 상속자가 틀림없으며 이름은 존스라고 거들었다. 서둘러 식사를 마친 에비게일 부인은 '아가씨께' 존스의 투숙 사실을 알리러 갔다.

5장

아름답고 상냥한 그 숙녀는 소피아 웨스턴이고, 에비게일 부인으로 행세하는 여자는 아너 부인이었다. 소피아의 지시를 받고 존스를 찾으러 갔던 아너는 만취한 파트릿지로부터 존스가 '어떤 계집'과 동침하고 있다는 말을 듣고 돌아왔다. 소피아는 여관 하녀 수잔에게 금화 2기니를 쥐어 주고 존스가 자기 침대에 없다는 사실을 알아냈고, 그녀를 통해 존스가 모든 사람에게 소피아가 자기를 미친 듯이 사랑하며 자기는 그녀를 잊기 위해 전쟁터로 간다고 떠벌렸다는 말을 들었다. '창녀'와의 동침은 용서할 수 있으나 이름 모독에 화가 치민 소피아는 '일종의 처벌'처럼 토시에 자기 이름이 적힌 쪽지를 붙여 존스의 침대 위에 가져다놓게 지시하고 길을 떠났다.

6장

집으로 돌아가자고 보채다가 만약 '우리가' 반란군 편에서 싸워야 한다면 적어도 '도련님께서' 말을 훔쳐 걷기만은 면해 주어야 한다고 주장하던 파트릿지는 무심코 전날 밤 여자 두 명이 '도련님께' 접근하는 것을 힘들게 막았다는 말과 함께, '한 계집이 도련님 방에 들어왔던 것 같다'며 방바닥에 떨어진 토시를 집어 주머니에 넣으려고 했다. 단번에 그 토시의 주인을 알아본 존스는 '그 숙녀들'의 행방을 묻고, 말 두 필을 준비시켰다.

피츠패트릭은 전날 밤 도착한 숙녀가 그의 아내일지 모른다는 맥클라클랜의 말에 여관을 뒤졌으나 허탕을 치고 주방으로 돌아왔다. 그때, '신사' 한 명이 소리를 지르며 여관으로 들어섰고, 뒤이어 여러 사람이 들어왔다.

7장

방금 들어온 '신사' 웨스턴이 소피아에 관해 묻고, 피츠패트릭이 아내를 찾는 통에 주방은 매우 어수선해졌다. 피츠패트릭의 아내는 웨스턴의 조카딸이기도 했다. 토시를 들고 주방으로 들어오는 존스에게 덤벼들었던 웨스턴은 파슨 서플이 존스가 소피아의 토시를 갖고 있다고 지적하자, 안으로 뛰어 들어가 워터스 부인의 방으로 난입했다.

이어 재판이 열렸고, 피츠패트릭은 토시가 중죄의 증거라고 주장했으나 존스는 수잔과 파트릿지의 증언으로 무죄가 입증되었다. 웨스턴은 딸을 찾기 위해 서둘러 길을 떠났고, 존스와 파트릿지도 소피아를 찾아 출발했다.

8장

소피아가 집에서 도주했던 날 아침, 블리필을 식사에 초대한 웨스턴은 소피아를 데려오라고 지시했다. 그러나 잠시 후 돌아온 하인이 '아가씨'가 보이지 않는다고 전하자, 모두들 소피아를 찾아 나섰으나 허사였다. 웨스턴 부인은 딸을 고집불통으로 키운 것은 오빠 탓이라며 영국 여자들을 '노예처럼' 다뤄서는 안 된다고 나무랐다.

9장

시간을 거슬러 도주일 자정, 집을 나온 소피아는 10킬로미터 정도 떨어진 약속장소에서 아너 부인을 만났다. 아너는 런던으로 향하기를 원했지만, 소피아는 존스가 브리스톨로 갔다는 안내인의 말을 듣고 금화 2기니를 약속하며 뒤를 따라가자고 부탁했다.

동틀 무렵, 함브룩에 도착한 소피아 일행은 어느 여관으로 들어갔다. 여관 안주인 화이트필드 부인은 아너 부인의 질문에 곧바로 낌새를 눈치 채고, '도련님께 말씀 많이 들었다'고 아양을 떨다가 곧 떠난다는 사실을 알게 되자 재빨리 자리를 떴다.

런던으로 가는 길, 소피아와 아너는 제5권에서 소동이 일어났던 업턴의 여관에 투숙했다. 웨스턴은 존스를 뒤쫓으며 어렵지 않게 딸을 추적할 수 있었다. 파트릿지가 길을 가며 만나는 사람마다 존스 이야기를 떠벌려놓았기 때문.

제10권은 실수로 빚어진 요란한 희극을 전개시키면서

업턴의 여관이라는 공통된 공간에 대부분의 주요 등장인물들—존스, 소피아, 워터스 부인, 피츠패트릭, 웨스턴—을 데려다놓지만, 같은 시간에 모이도록 만들지는 않는다.

소피아와 아너 부인이 여관에 처음 나타났을 때, 단지 '아름답고 고상한 숙녀와 하녀'로 소개하는 사실에 주목할 필요가 있다. 이처럼 이름 공개를 늦추는 이유는 등장인물들을 이름이나 지위가 아니라 성품으로 판단해야 한다는 암시다. 예를 들어, 제11권 2장에 등장하는 여관 안주인은 모든 계층의 사람들을 정중하게 대하는 소피아를 보고 '신사 가문'의 여자가 아니라고 생각하지만, 이 같은 자세는 정확히 필딩이 〈톰 존스〉에서 장려하기 위해 노력하는 가치관의 하나다.

소피아는 다른 여자와의 동침 사실보다 이름 모독에 더 신경을 썼는데, 이처럼 당시에는 평판이 사회적 명성을 결정지었다. 그러나 필딩은 워터스 부인 같은 여자들이 평판에 개의치 않고 몸을 자유롭게 굴리는 모습을 보여주면서도 비난하지는 않는다. 피츠패트릭이 그녀와 존스의 잠자리에 들이닥쳐 희극이 벌어질 때, 정조관념의 부족을 탓하기보다는 임기응변 능력을 찬양하는 것.

따라서 1장에서는 등장인물들의 결점과 어리석은 행동에 반감을 품을지 모를 독자(비평가)를 향해 "어떤 인물이 완벽하게 선하지 않다고 해서 악인이라고 비난하지 말라”고 경고하고, ‘내가 한 번도 완벽한 인간을 만난 적이 없기 때문’이라고 이유를 덧붙이고 있다. 필딩은 많은 사람들과 교류한 것으로 유명했으며, 사람들의 행동과 발언 방식에 대한 지식은 특히 등장인물들의 사실적인 대화 속에서 그대로 드러난다.

Book 11

: 줄거리

1장

비평가(critic)란 단어는 '판단'을 의미하는 그리스어다. 대다수 비평가들은 읽은 책과 작가의 흠집만 들추며 중상모략과 비방을 일삼지만, 책을 '작가가 두뇌로 낳은 자식'이라고 생각한다면 책에 대한 중상모략과 비방은 결코 사소한 일이 아니다. 책을 요절하게 만들어 작가의 부정(父情)뿐만 아니라 이익까지도 손상시키는 중죄이자, 작가에 대한 중상모략이기 때문이다. 물론, 글 쓰는 사람들에게 큰 보탬이 되는 훌륭한 비평가들도 있다. 진정한 비평가라면, 작품 속에서 사소한 실수들을 발견하더라도 핵심 부분이 아니거나 커다란 장점이 더 많은 경우에는 그 작품에 대해 중상모략처럼 느껴지는 가혹한 '판단'은 삼가야 한다.

2장

런던으로 향하던 소피아와 아너 부인은 젊은 귀부인과

하녀를 만나 의례적인 인사를 나눴는데, 날이 밝고 보니 피츠패트릭의 아내인 사촌 해리엇이었다. 두 사람은 친한 사이였고, 한동안 웨스턴 고모와 함께 살았던 적도 있었다.

일행은 마침내 어느 여관에 도착했다. 여관 안주인은 여관 하녀의 도움도 겸손하게 마다한 소피아를 '지체 높은 숙녀 분'이 아니라고 생각했지만, 전세(戰勢)를 저울질하며 득실을 따지던 영악한 여관 주인은 제임스 2세파 반군이 런던을 향해 진군한다는 소문을 듣자, 소피아를 제임스 2세파 반군 지도자 찰리 왕세자의 애인 제니 캐머런이라고 확신하고 보상을 바라며 환대하기로 마음먹었다.

3장

소피아와 함께 있지 않았다면 역시 미인 소리를 들었을 해리엇은 런던까지 소피아와 동행하기로 결정했다. 여관 안주인은 제니 캐머런이라고 확신하는 소피아가 공손히 대해 주자, 충실한 제임스 2세파 지지자가 되었다. 소피아와 해리엇은 서로 지난 이야기를 들려주었다.

4장

피츠패트릭 부인은 웨스턴 고모의 저택에서 자기는 '출랑녀(Miss Giddy)', 소피아는 '듬직녀(Miss Graveairs)'로 불리며 살았던 시절을 회상했다. 고모와 여행하다 바스에서 만난 피츠패트릭은 귀족 칭호는 없었으나 잘생기고 예의까지 갖춰 귀부인들로부터 인기가 높았기 때문에 남성들에게는 선망의 대상이었으며, 고모와 염문을 뿌렸으나 '내게도' 접근했다. '나는' 고모에 대한 관심은 '내게' 접근하기 위한 방편이었다는 사탕발림에 넘어가 청혼을 받아들였고, 몹시 화가 난 고모는 곧바로 바스를 떠났다. '나는' 다른 사람들의 평판에 이끌려 '그 사람을' 평가한 것이 너무 후회스럽다.

5장

결혼 후, 남편은 고향 아일랜드로 돌아가기를 원했지만, '나는' 영국을 떠나고 싶지 않았다. 남편은 일방적으로 출발 날짜를 정했다. 출발 전날 밤, '나는' 바닥에 떨어진 편지를 읽고 남편이 돈 때문에 결혼했다는 사실을 알게 되었고, 편지를 들이대며 따졌으나 애무와 사랑한다는 말에 넘어가고 말았다. 아일랜드에 도착한 이후, '나는' 우울증이 점점 심해졌고, 남편은 '나를' 너욱 비침하게 만들 뿐이었으나 '경멸하고, 증오하고, 싫어하는' 그의 아이를 임신한 뒤였다.

6장

해리엇의 이야기가 한창일 때, 식사가 들어왔다. 심란해진 소피아는 식욕을 잃었으나 해리엇의 입맛은 변함이 없었다. 아너 부인이 갑자기 방으로 들어오며 "그 사람들이

와요!"라고 소리치자, 아버지라고 생각한 소피아는 간담이
서늘해졌으나 제임스 2세파 반군을 돕기 위해 '프랑스군이
상륙했다'는 말에 가슴을 쓸어내렸다. 사실, 소피아는 조국
에 닥친 재앙을 누구보다 안타까워했지만, 화재로 아름다운
궁궐이 전소되었으나 '내' 싸구려 오두막은 안전하다는 소
식에 안도하는 보통사람처럼 '자신의' 안위가 먼저였던 것
이다.

7장

계속되는 해리엇의 이야기. '나는' 해산 직후에 남편
친구인 어느 중위 부부와 친해졌는데, 지식과 교양이 뒤처
졌던 남편의 질투가 점점 심해졌다. 아기가 죽은 후, '나는'
철저히 외롭게 살았고, 남편은 자주 더블린과 런던으로 여
행을 떠났다. 2개월 정도가 지난 어느 날, 남편의 친척 귀부
인이 찾아와 간통 사실을 알려주었다. 돈을 탕진하고 돌아
온 남편은 '나의' 소유지 하나를 팔자고 요구했으나 '내가'
거부하고 '시앗을 보았다'며 비난하자 방에 가두었다. 2주
일 후, '만능열쇠라고 할 수 있는 금화'로 문을 열고 간신히
탈출한 '나는' 더블린을 거쳐 아무 친척의 보호라도 받기
위해 바스로 가던 길이었는데, '어젯밤' 간발의 차이로 '우
리가' 묵었던 그 여관까지 남편이 쫓아왔던 것이다.

8장

소피아가 존스에 관한 언급을 빼고 지난 이야기를 마칠 즈음, 귀에 거슬리는 요란한 욕지거리가 들려왔다. '아가씨를 왕세자의 정부(情婦) 정도로' 오인했다며 격분한 아너 부인이 여관 주인의 코피를 터트리고 할퀴고 욕을 퍼부었던 것. 아너는 아가씨에 대한 무시와 자기에 대한 무시를 동일시했기 때문에 화가 났던 것이지만, 다른 한편으로는 과음이 '이성의 눈을 멀게 만들고 자존심에 불을 붙였기 때문'이었다.

여관 주인이 올라와 '지체 높은 신사 분께서 숙녀님들을 뵙고 싶어한다'고 알려주었다. 피츠패트릭의 이웃인 아일랜드 귀족이 런던으로 가던 길에 그 여관에 들었다가 아너가 소란을 피울 때, 만취한 해리엇의 하녀를 우연히 보았던 것. 금화로 관리인을 매수하고 해리엇이 집에서 탈출하도록 도와주었던 그는 결혼제도를 비판한 후, 자기 마차로 그들을 런던까지 내려다주겠다고 제안했다.

9장

여관비를 계산한 소피아와 해리엇은 아일랜드 귀족과 런던으로 떠날 준비를 했다. 소피아는 아버지에게 받은 100파운드를 잃어버린 사실을 알고 크게 당황했지만 내색하지 않은 채, 여관 주인에게 아너 부인이 남긴 상처에 대한 보상으로 선물까지 주었다. 여관 안주인은 법적으로 해결했으면 더 많은 보상을 얻어냈을 것이라고 아쉬워했지만, 남편은 변호사 친척이 죽고 없는 '지금' 일면식도 없는 변호사들의 이익을 위해 법에 의지할 이유는 없다고 아내를 다독였다.

이틀 후, 급하게 말을 달린 소피아 일행은 런던에 도착했다.

10장

해리엇은 귀족의 아내가 여행으로 집을 비운 사이에 묵어가는 것은 예의에 어긋난다며 소피아와 함께 밤을 보내기 위해 숙소를 구했다. 이튿날 아침, 해리엇이 지위, 재산, 명예심을 가진 후견인을 찾은 것 같았고, 그 귀족에게서도 그 같은 낌새를 알아차린 소피아는 수소문 끝에 '시내에서 집을 모르는 마부가 없는' 친척 레이디 벨라스턴을 찾아갔다. 사건의 전말을 전해들은 레이디 벨라스턴은 소피아의 용단을 치하하고, 최대한 보호해 주겠노라고 약속했다.

소피아와 해리엇은 평범한 여행자처럼 런던에 갔지만, 사실은 도망자들이다. 감금과 도피의 반복은 이 소설의 가장 중요한 주제 가운데 하나다. 소피아의 생활은 감금과 자유의 회복 사이를 오간다. 제11권 내내 소개된 해리엇의 과거는 본래 줄거리에서 벗어난 부수적인 일화이지만, 역시 감금되었다가 간신히 탈출하는 상황을 알려준다. 탈출의 개념과 나란히 추격의 개념이 소개되는데, 웨스턴이 '사냥꾼'이란 사실은 우연이 아니다.

이 작품은 돈을 좇는 행동을 중심으로 전개되기도 한다. 필딩은 상류계급보다는 하류층에 더 많은 애정을 갖고 묘사하지만, 어느 쪽도 이상화하지는 않는다. 정치적 충성심은 아랑곳없이 금전적 보상에 눈이 멀어 제임스 2세파로 전향할 용의가 있는 여관 주인(제11권 2장)처럼 소설에 등장하는 대다수 인물들의 마음자세도 크게 다르지 않다. 브리필 대위는 올워디의 재산을 놓고 즐거운 상상에 빠졌다가 급사했고, 블랙 조지는 존스의 돈 500파운드를 가로챘고, 아너 부인은 금전상의 이득을 저울질하며 소피아와의 동행 여부를 심사숙고했고, 파트릿지는 재정적 보상을 기대하고 존스의 하인이 되었던 것. 그러나 상류층도 필딩의 비판에서 자유롭지는 않다. 아니, 이미 소유한 재산보다 더 많은 재물을 탐내는 상류층은 더욱 심하게 비판당했다.

Book 12

1장

　'나는' 이 '역사이야기' 전반을 통해 고전 작가들의 작품 구절을 인용하면서도 원전의 제목이나 작가 이름은 밝히지 않았다. '고대 작가'와 '현대 작가'의 관계는 부자와 가난한 사람의 관계와 같다. 따라서 가난한 이웃인 '우리 현대 작가들'에게는 부자인 '고전 작가들로부터' 무엇이든 약탈할 수 있는 권리와 자유를 허용하되, 같은 가난뱅이인 '우리들끼리는' 서로를 등쳐먹지 말고 엄격한 정직성을 유지하기 바라는 바이다.

2장

　우스터 도로를 따라 전속력으로 소피아를 쫓는 웨스턴은 이토록 좋은 날 아침에 사냥을 못한다는 사실에 화가 치밀어 쉴 새 없이 욕을 해대다가 한 무리의 사냥개들이 달려가는 모습을 보고 곧바로 사냥에 합세했다. 그러나 '자연적 본능이 모든 사람의 이성을 제압하는 것이 세상 이치'이기 때문에 '우리는' 웨스턴이 딸을 사랑하지 않는 것이라고 비난하면 안 된다. 사냥이 끝나자, 웨스턴의 솜씨에 탄복한 사냥개 주인은 웨스턴을 만찬에 초대했고, 술자리가 이어졌다. 이튿날 아침, 웨스턴은 주인과 서플 목사의 설득에 따라 추격을 접고 고향으로 발길을 돌렸다.

3장

업턴의 여관을 나서자 파트릿지는 집으로 돌아가자고 충고했지만, 존스는 돌아갈 집이 없다며 입대하겠다고 고집을 부렸다. 파트릿지는 '산 사람'이 그들의 입대를 말리기 위해 보내진 유령인 것 같다면서 기독교도가 다른 사람을 죽여서는 안 된다고 설교했지만, 전쟁터에서 팔다리나 목숨을 잃는 것이 내심 더 두려웠다.

4장

파트릿지는 갈림길에서 구걸하는 거지에게 '자기네 마을 거지는 그 마을 사람들이 거둬야 하는 것'이라며 나무랐다. 존스는 '당신 종교는 당신 결점을 변명할 때만 유용하고, 덕성의 권장에는 아무 도움도 안 된다'며 핀잔을 주고, 거지에게 1실링을 적선했다. 그러자 거지는 보답으로 주운 물건을 선물했는데, 고모가 소피아에게 선물한 수첩이었다.

만약 거지가 까막눈이 아니었다면 수첩 안에서 웨스턴이 딸에게 주었던 100파운드를 발견했을 것이다. 존스는 거지의 정직한 행동을 칭찬하며 금화 1기니(21실링)를 건넸다. 거지는 수첩을 발견한 장소로 안내하고 더 많은 돈을 요구했지만, 존스는 본래 주인에게 돌려줘야 한다며 나중에 사례할 수 있도록 거지의 주소와 이름을 적었다. 거지는 떠나는 그들 뒤에 대고 욕설을 해댔으며, 자기를 학교에 보내지 않아 까막눈을 만든 부모에게도 원망을 퍼부었다.

5장

북소리가 들리자 반란군이 진격해 온다면서 두려움에 떨던 파트릿지는 인형극단이 나타나자 여관에서 잠시 쉬며 인형극을 구경하고 가자고 보챘다. 밤이 되자 두 사람은 인형극 "성난 남편"을 보러 갔고, 관객들은 매우 즐거워하며 찬사를 보냈다. 우쭐해진 단장이 '젊은이들의 도덕심을 향상시킬 수 있는' 인형극이라며 떠벌렸고, 변호사 사무실 서기가 극장에서 모든 저질 내용을 추방해야 한다며 맞장구를 쳤다. 그러나 존스는 차라리 펀치와 조운의 즐거운 재담을 구경하는 편이 낫겠다며 단장의 비위를 건드렸다.

6장

인형극단 단원과 무대 위에서 부적절한 행위를 벌이던

하녀 그레이스를 발견하고 '주먹과 혀로' 흠씬 두들겨 팬 여관 안주인은 손님을 잘못 받아 여관이 '매음굴이 될 것'이라며 남편을 나무랐고, 이어 단장에게 '내일 아침 당장' 떠나라고 다그쳤다. 단장은 즉각 꿀 먹은 벙어리가 되었다.

잠시 쉬어가려던 존스는 파트릿지와 주인의 설득에 따라 여관에서 묵기로 결정했으나 브리스톨에서의 '머리 부상' 때문에 잠을 이루지 못했고, 파트릿지는 잠보다는 음식과 술을 택했다. 안주인과 단장이 화해하면서 평온을 되찾은 여관의 주방 불가에는 여관 주인 부부, 단장, 변호사 서기, 징세원, 파트릿지가 모여앉아 이야기꽃을 피웠다.

7장

파트릿지는 자존심 때문에 '하인'이라고 시인하지 않으면서도 으레 하인들이 그렇듯 '동행자'의 우월한 지위에 관해 허풍을 늘어놓아 그 자리에 있는 사람들은 자연스레 존스를 주인으로 생각했다.

하인들이란 '주인 나리의' 재산에 대한 명성에는 크게 관심을 가지면서도 미덕과 성품에 대해서는 거의 무관심하며, 종종 주인의 부정한 행위나 어리석음을 최대한 유쾌하게 퍼트리는 재담꾼이다.

따라서 파트릿지도 존스의 재산을 엄청나게 과장한 다

음, 존스가 '제정신이 아닌 것 같다'고 말했다. 여관 주인, 단장, 징세원은 '미친 사람이' 시골을 쏘다니게 내버려두면 안 된다고 맞장구를 쳤지만, 여관 안주인이 잘생기고 겸손하고 예의 바른 청년에게 폭력을 행사하면 안 된다고 주의를 주자, 존스의 광기를 배심원들에게 증명하는 방법을 놓고 토론을 계속했다. 잠시 밖으로 나갔던 여관 주인이 들어와 반란군이 런던에 거의 당도했다는 소식을 알리자, 변호사 서기와 파트릿지는 반군 편을 들었으나 주인은 반군 지도자 찰리 왕세자가 '우리를' 가톨릭 신자로 개종시킬 권리는 없다며 걱정스러워했다.

8장

존스가 하녀와의 불장난 때문에 단장에게 두들겨 맞던 단원을 떼어놓자, 그 단원은 욕을 해대며 단장이 '이 세상에서 본 적이 없는 가장 아름다운 숙녀'를 범하려 했다고 비난했다. 존스는 그 단원으로부터 그 전날 소피아가 그곳을 지나갔다는 이야기를 들었다. 존스와 파트릿지는 부랴부랴 길을 나섰지만 폭풍우를 만나 부득이 어느 술집에 들어갔다가 소피아를 안내했던 소년을 만났다. 존스는 사람들 앞에서 소피아의 이름을 언급하지 않았지만, 파트릿지는 그녀에 관한 온갖 이야기를 입에 올렸다. 따라서 소피아가 이 술집에 들렀더라면 주인이 자신의 이름과 신상에 대해 소상히 알고 있다는 사실을 발견했을 것이다.

9장

　　존스의 설득에 넘어간 소년은 그들을 런던까지 데려다 주기로 동의했고, 파트릿지는 존스가 반란을 잊고 소피아를 쫓게 된 것이 마냥 기뻤다. 소피아가 묵었던 여관에 도착하자, 존스는 코벤트리로 데려다달라고 소년을 설득했으나 거절당했다. 그때, 글로스터에서 함께 식사한 적이 있던 변호사 다울링이 다가와 타당한 이유들을 꼽으며 밤에는 여행하지 말라고 간곡히 권유하다 존스가 고집을 꺾지 않자 부탁을 들어주라고 소년을 설득했다. 협공에 넘어간 소년이 말들에게 휴식과 먹이를 제공하는 동안, 존스는 다울링의 청을 받아들여 포도주를 마시러 그의 방으로 갔다.

10장

　　올워디 씨와 블리필을 위해 건배하자는 다울링의 제의에 존스는 가장 선한 사람과 가장 악한 사람을 부적절하게 엮었다며 언짢아했고, '올워디 나리'를 만난 적은 없으나 고매한 인품에 대해서는 익히 들어 알고 있으며 '정직하고 훌륭한' 블리필은 '어머니의 사망 소식을 전하러 갔을 때 만난 것'이 전부라면서 의아스러워했다. 존스는 블리필이 '가장 비열하고 흉악한 음모를 꾸민 사실을 최근에야 알았다'면서도 구체적 내용은 밝히지 못하고, '저는' 올워디의 친척도 아니라고 시인했다. 다울링은 올워디의 재산에는 욕심이 없고 물질적 이익을 탐하기보다는 마음의 평화를 택하겠다는 존스의 말에 크게 감동했다.

11장

칠흑같이 어두운 밤, 폭우 속에서 소년이 길을 잃었다. 겁을 집어먹은 파트릿지는 마녀가 그들에게 주문을 걸었다고 생각하다가 낙마하고, 이어 소년이 말과 함께 진흙탕에 뒹굴자 확신이 굳어져 투덜댔다. 소년은 말에게 욕을 하고 몇 차례 때린 다음, 다시 말에 올랐다.

12장

일행은 불빛을 발견하고 다가갔다. 파트릿지와 소년은 그 집에서 나오는 소리를 듣고 '악령들'일지 모른다며 잔뜩 겁을 집어먹지만, 가까이 다가가보니 이집트 집시들이 헛간에서 결혼식을 올리고 있었다. '솔직한 표정과 예의 바른 태도'로 첫눈에 호감을 주는 존스는 집시왕의 환대를 받았다. 안심한 파트릿지는 운세를 점쳐주는 척하며 접근한 젊은 집시여인과 부적절한 행위를 벌이다가 남편에게 붙잡혀 재판에 회부되었다. 남편은 2기니의 보상을 요구했지만, 아내의 정조에 값을 매긴다며 꾸짖은 집시왕은 머리에 뿔 두

개를 달고 다니는 벌을 내렸고, 아내에게는 '창녀'로 불리며 손가락질당하는 판결을 내렸다. 사형제도가 없는 집시들에게는 불명예가 가장 가혹한 형벌이었다.

13장

존스와 파트릿지는 코번트리, 대번트리 등을 거쳐 세인트 올번스의 여관에 당도했으나 소피아 일행은 이미 두 시간 전에 떠난 뒤였다. 파트릿지는 수첩 속의 100파운드는 '여신께서 쓰라고 보내신 것'이 틀림없으니 일부를 빌려 허기를 달래자고 졸랐다. 그러나 존스가 꾸짖자, '제 나이가 되시면, 생각이 달라질 것'이라고 퉁명스럽게 대꾸했다가 곧이어 사과했고, 존스는 그 사과를 받아들였다.

14장

존스, 파트릿지, 안내인이 런던을 향해 길을 떠난 지 얼마 지나지 않아 낯선 사내가 다가와 동행을 청했다. 네 사람은 길을 걸으며 강도의 위험을 화제에 올렸고, 파트릿지는 존스가 지닌 100파운드에 관해 언급했다. 하이게이트에 다가갈 무렵, 낯선 사내가 갑자기 권총을 꺼내들고 돈을 요구했다가 존스에게 제압당하자 빈총이고 첫 번째 강도짓이라며 용서를 구했다. 존스는 다섯 아이와 임신한 아내가 있으며 가족이 굶고 있다는 사내의 말에 2기니를 건넸다. 파

트릿지는 강도질은 교수형감이라고 주장했지만, 존스는 파
트릿지가 얼마 전 말을 몇 마리 훔쳤던 사실을 상기시켰다.

　　존스와 파트릿지의 여러 모험으로 가득 찬 제12권은
가장 다채로운 부분에 속한다. 두 사람은 소피아의 수첩을
발견하고, 인형극을 보고, 집시의 결혼식에 참석하고, 노상
강도를 당할 뻔하고, 존스는 다울링과 술을 마시며 대화도
나누었다. 화자는 우리를 '영국의 자랑스런 수도 런던'으로
데려가기 앞서 존스가 경험하는 다채로운 노상 모험의 수
위를 높여간다. 제12권의 이야기들이 건너뛰는 것처럼 보
일지 모르지만, 많은 사건들은 존스가 런던에서 겪게 될 일
들의 중요한 전조들이다.

　　필딩은 14장에서 존스의 유머 감각과 파트릿지의 위선
을 구분한다. 최악의 인물에 속하는 드웨컴과 블리필 같은
악당들은 언행이 정반대지만, 파트릿지의 위선은 연민을 느
끼게 하는 성격 덕분에 변명의 여지가 있다. 파트릿지는 집
시들을 마녀라고 생각하고, 노상강도를 만났을 때는 땅에
얼굴을 처박고 비명만 질러대느라 존스를 돕지 못하지만,
제18권에 가서야 드러나는 블리필의 사악함보다는 가증스
러움이 덜하다.

Book 13

1장

'나는' 돈과 행운에 유혹되어 쓰게 된 이 소설이 사후의 명성을 이뤄주기 바라며, '나의 고된 작업을' 천재적 재능, 인도주의, 학식, 경험이 도와주기를 간청한다.

2장

런던이 초행인 존스와 파트릿지는 이틀이나 헤맨 끝에 아일랜드 귀족의 저택을 찾아가 '젊은 숙녀'에 대해 물었지만, '이 집에는 숙녀분이라곤 없다'는 문지기의 대답이 돌아왔다. 존스는 옆에 있던 다른 하인에게 돈을 쥐어주고 피츠패트릭 부인의 방까지 안내를 받았으나 간발의 차이로 소피아와 엇갈리고 말았다. 피츠패트릭 부인은 존스를 웨스턴이 보낸 사람으로 오인하고 돌려보냈지만, 존스는 소피아가 사촌언니와 함께 있으면서도 업턴 사건 때문에 언짢아 만나주지 않는 것이라고 생각하고 온종일 문을 지켜보며 서성거렸다.

저녁 때, 피츠패트릭 부인은 다시 찾아온 존스를 만났으나 소피아의 행방에 대해서는 아무 말 없이 이튿날 재방문해도 좋다며 돌려보냈다. 존스가 돌아간 후, 그의 존재를 모르는 피츠패트릭 부인이 '블리필인 것 같다'고 말하자, 아너 부인에게 들은 것이 많았던 하녀 애비게일이 '존스인 것 같다'고 대꾸했다. 그 의견에 동조한 피츠패트릭 부인은 아버지의 반대를 무릅쓰고 바람둥이에다 빈털터리와 결혼하면 파멸뿐이라면서, 결혼에 실패한 '내가' 그들을 떼어놓지 않는다면 용서받지 못할 것이라고 열변을 토했다.

3장

피츠패트릭 부인은 웨스턴 남매와 화해하기 위해 소피아를 아버지에게 돌려보낼 계획을 세우고, 소피아 모르게 먼 친척 레이디 벨라스턴을 찾아가 도움을 청했다. 이미 하녀로부터 존스의 외모에 대해 찬사를 들은 적이 있던 레이디 벨라스턴은 또다시 존스의 용모가 준수하다는 말을 듣자, 직접 만나보고 싶은 생각이 들었다. 피츠패트릭 부인은 '오늘 저녁'에 만나기로 했으니 일곱 시쯤 자기 숙소로 오라는 말을 남기고 그곳을 떠났다.

4장

존스는 온종일 피츠패트릭 부인의 현관문을 감시하다가 한 시간 일찍 방문했는데, 갑자기 레이디 벨라스턴이 나타나 인사를 건넸다. 아일랜드 귀족이 방으로 들어올 때까지 두 여인은 존스에게 약간 관심을 보이다가 존스가 피츠패트릭 부인에게 주소를 건네고 돌아가자, 레이디 벨라스턴은 소피아가 저런 사내 때문에 '위험을 겪어서는 안 된다'고 단언했다.

5장

이튿날, 존스는 피츠패트릭 부인의 숙소를 다섯 차례나 찾아갔지만, 집에 없다는 대답만 들었다. 존스와 파트릿지는 올워디 씨가 런던을 방문할 때 묵곤 했던 본드 거리에 위치한 하숙집에 숙소를 정했는데, 1층에는 '유능한 난봉꾼' 나이팅게일이 기거했다. 그날 밤, 존스는 시끄러운 소리를 듣고 아래층으로 내려갔다가 하인에게 목이 졸리고 있는 그를 구해 주었다. 그 옆에는 하숙집 안주인의 딸 낸시가 발을 동동 구르며 서 있었다. 그 자리에서 하인을 해고한 나이팅게일은 존스에게 술을 사며 어떤 처녀에 관한 하인의 말을 듣고 화가 났었다고 설명했다.

극장에 갔던 낸시의 어머니 밀러 부인과 여동생이 돌아왔다. 즐겁게 대화를 나눈 밀러 부인은 존스를 아침식사에 초대했다. 그녀는 쉰 살이 가까웠지만 아름답고 자상했

으며, 열일곱 살 낸시도 어머니처럼 예뻤다. 존스는 나이팅
게일의 '너그럽고 인간적인 태도'가 마음에 들었다.

6장

식사 때, 하녀가 존스에게 전달한 소포에는 도미노 가
면과 가장무도회 초대장이 들어 있었다. 낙천적 기질을 지
닌 존스는 유일하게 자기 주소를 알고 있는 피츠패트릭 부
인이 소피아를 만나게 해주려는 것일지 모른다고 상상했다.

낙천적 기질이 제공하는 즐거움은 운명의 여신이 건네는 즐
거움보다 훨씬 더 오래 지속되고 훨씬 더 강렬하다. 그리고 낙천
적 기질이 만들어내는 즐거움과 달리, 살면서 느끼는 모든 즐거움
에는 자연의 법칙에 의해 우리가 오로지 그것에만 사로잡히지 않
도록 권태와 싫증이라는 부속물이 따른다. 따라서 이제 막 사회에
첫발을 내디딘 상상 속의 미래 대법관, 미래 대주교, 미래 총리가
실제로는 모든 권한과 이점을 누리는 현재의 대법관, 대주교, 총
리보다 훨씬 더 행복한 것이다.

존스가 가장무도회에 참석하기로 결정하자, 나이팅게
일은 동행하겠다며 안주인 모녀에게도 권했으나 밀러 부인
은 생활비를 벌어야 하는 여자들에게는 사치라며 거절했다.
아무리 사랑이 깊다한들 허기진 배를 채워주지는 못하

는 법. 저녁 때, 존스의 심각한 허기를 직감한 파트릿지는 소피아의 돈을 쓰라고 넌지시 말했다가 거절당하자 올워디 씨 댁으로 돌아가자고 간청했다.

7장

가장무도회에 참석한 존스는 소피아를 찾아보았으나 허사였다. 도미노 가면을 쓴 귀부인이 어깨를 툭 치며 별실로 데려가 '파멸로 끝나버릴' 소피아와의 관계를 청산하라고 말하자, 존스는 소피아를 '한 번만 만나고 싶을 뿐'이라고 대꾸했다. 존스는 소피아를 만나려면 그녀에게 잘 보여야겠다는 생각이 들어 집까지 따라가겠다고 은근히 제안했다가 거절당했으나 그녀의 뒤를 따라 어느 집으로 갔고, 방으로 들어가자 그녀가 가면을 벗었는데 레이디 벨라스턴이었다. 네 시간쯤 밀회를 즐긴 그녀는 소피아를 찾을 때까지 자기를 떠나지 않는다면 만남을 주선해 주겠다고 약속했다.

8장

존스는 파트릿지를 시켜 레이디 벨라스턴에게 받은 50파운드짜리 어음을 돈으로 바꿨다. 밀러 부인의 초대를 받은 존스와 나이팅게일은 그녀가 저녁식사에 맞춰 귀가하기를 기다렸다. 그러나 두 시간 후에 도착한 그녀는 남편이 형의 빚보증을 섰다가 쫄딱 망하는 바람에 난로도 피우지

못하는 추운 집에서 아기를 낳은 사촌에게 다녀오는 길이
라며, 딸들에게 아무리 사랑하더라도 '가난뱅이끼리 결혼하
면 서로에게 고통만 안겨줄 뿐'이라고 경고했다. 존스는 그
녀를 옆방으로 데려가 필요한 만큼 꺼내 갖다주라며 50파
운드가 들어 있는 지갑을 건넸고, 그녀는 자신도 약간의 돈
을 주고 왔다며 10기니만 꺼냈다. 그 사실을 모르는 나이팅
게일은 기부금을 모으면 자신도 1기니를 내놓겠다고 제의
했다.

일부 사람들은 자선행위를 자발적인 행위로 여기는 반면, 일
부 사람들은 의무로 간주한다.

9장

존스는 레이디 벨라스턴과 여러 차례 만나면서 그녀의
도움으로 소피아를 만날 가능성이 전혀 없다는 사실을 깨
닫자, 파트릿지를 시켜 하인들을 통해 소피아의 거처를 수
소문했다. 궁핍한 탓에 레이디 벨라스턴의 금전적 지원을
마다할 수 없었던 존스는 그 저변에 깔린 의무가 부담스러
웠지만 최선을 다해 보답하기로 결심했다. 그리고 얼마 후,
'오늘밤' 평소 밀회장소에서 만날 수 없다는 그녀의 편지를
받았으나 뒤이어 자기 집에서 만나자는 편지가 전해졌다.
존스와의 밀회가 다급했던 레이디 벨라스턴이 소피아, 아

너 부인, 하녀를 모두 극장에 보내기로 마음먹었던 것.

10장

밀러 부인이 사촌의 남편과 함께 차를 마시자고 부르러 왔을 때, 존스는 레이디 벨라스턴을 만나러 가기 위해 옷을 입은 직후였다. 존스와 사촌의 남편 앤더슨은 즉시 서로를 알아보았다. 깜짝 놀라는 밀러 부인에게 존스는 앤더슨은 처자식을 살리기 위해 모든 것을 내던진 남자라며 존경한다고 말했고, 앤더슨은 '이 분이 제가 말했던 하늘의 천사'라면서 '이 분의 은혜 덕분에 아이를 살렸다'고 덧붙였다. 밀러 부인도 존스의 선행이 장차 큰 보답을 받을 것이라고 맞장구쳤다. 존스는 앤더슨 가족의 행복으로 이미 넘치는 보답을 받았다며 자리를 떴고, 앤더슨은 밀러 부인에게 강도사건에 관해 말하려다 그만두었다.

11장

일찍 레이디 벨라스턴의 집에 도착한 존스가 응접실에서 기다리고 있을 때, 그녀는 도시 반대편에 있었다. 관객들 사이에 싸움이 벌어져 1막 도중에 귀가한 소피아는 거울로 다가가 얼굴을 살펴보다 존스를 발견하고 화들짝 놀라 용건을 물었다. 그동안 수첩을 돌려주기 위해 뒤를 쫓았다고 둘러댄 존스는 업턴에서의 일을 사과하며 '비열한 놈을’ 잊으라고 덧붙였다. 소피아가 도처에 ‘내 이름’을 퍼뜨리고 다니는 사실만큼 그 일에도 개의치 않는다고 말하자, 존스는 그 장본인은 파트릿지라고 밝히고 청혼했지만, 거절과 함께 아버지의 뜻만 아니라면 ‘다른 남자와의 행복보다 도련님과의 파멸이 훨씬 낫다’는 대답을 듣고 ‘내가 당신을 포기하겠다’고 대꾸했다. 소피아는 존스의 가슴에 얼굴을 기대고 울기 시작했다.

잠시 후, 레이디 벨라스턴이 들어왔다. 존스가 자기들 관계를 밝히지 않았다고 생각한 그녀는 존스를 모르는 척했고, 소피아가 존스를 수첩을 찾아준 사람인 것처럼 가장하자 존스를 만나려고 꾸민 일이 분명하다고 의심했다. 존스는 가장무도회에서 어느 부인으로부터 주소를 받았다면서 수첩을 돌려준 답례로 재방문을 허락해 달라고 간청했고, 레이디 벨라스턴은 승낙했다. 존스는 계단에서 만난 아너 부인을 지나치며 주소를 알려주었다.

12장

레이디 벨라스턴이 존스의 용모를 칭찬하자, 소피아는 얼굴을 찬찬히 보지 않았다며 ‘좋은 가문 출신인 것 같지 않다’고 대꾸했다. ‘그렇다’고 맞장구를 친 레이디 벨라스틴은 재방문을 허락하지 않겠다면서 ‘존스가 아닌지 의심했다’고 슬쩍 떠보았다. 술수에 말려든 소피아가 무심코

'존스 씨'라는 이름을 입에 올렸다가 허둥대자, 그녀는 내심 즐거워했다. 방으로 돌아온 소피아는 거짓말을 했다는 죄책감 때문에 밤새도록 잠을 이루지 못했다.

제13권은 자기 욕심만 채우는 레이디 벨라스턴이 주도권을 휘두르는 가운데 다양한 도시생활의 모습, 즉 화려한 가장무도회, 레이디 벨라스턴의 금전적·성적 유혹 등을 소개한다. 밀러 부인과 나이팅게일은 존스의 착한 성격을 알게 되자마자 런던에서 가장 가까운 친구이자 충직한 지지자가 된다. 존스는 레이디 벨라스턴에게 받은 50파운드의 일부를 밀러 부인의 가난한 사촌에게 기부하면서 밀러 부인의 마음을 영원히 얻어내는데, 존스가 다른 사람들을 끊임없이 배려한다는 암시다.

나이팅게일과 밀러 부인은 런던 시민이지만, 모두 이타적으로 행동하고 타인에게 진정한 관심을 기울인다. 반면, 레이디 벨라스턴과 피츠패트릭 부인은 오로지 이기적 동기에 따라 행동한다. 예를 들어, 고모와 삼촌의 환심을 얻어 예전 관계를 회복하고 싶은 피츠패트릭 부인은 사촌 소피아에게 불리한 행동도 마다않는 것.

화자가 '상류사회 인사들이' 나누는 대화의 대부분을

기록하지 않는 점은 흥미롭다. 4장에서는 '저속한 사람들 귀에는 너무 고상하다'는 이유로 생략했지만, 독자는 그 내용이 너무 지루하고 흥미롭지 않기 때문이란 낌새를 알아차릴 수 있다.

화자는 새로운 이름과 인물들을 소개하며 흥미를 고조시킨다. 레이디 벨라스턴의 하녀 이름은 애비게일인데, 화자가 업턴에서 아너 부인에게 썼던 가명이고, 앤더슨의 자녀 톰과 몰리도 유사한 이름의 반복 사용을 통해 신비감을 증폭시키는 기법이다. 이 같은 소개 방식은 다른 등장인물들의 눈에 주인공을 초자연적인 존재로 보이게 만들기도 한다. 예를 들어, 레이디 벨라스턴은 존스를 만나기 전에 '자연의 기적'이라고 생각하고, 존스를 잘 아는 밀러 부인은 '착한 천사'라고 부르는 것.

Book 14

1장

최근 들어, 일부 신사들이 아무런 학식도 없이 타고난 재능에 기대어 문학계에 등장하고 있다. 그 결과, 학식은 작가의 상상력을 제약하는 족쇄일 뿐이며 무익하다고 주장하는 현대 비평가들이 생겨나기 시작했다. 그러나 여타 기예들처럼 글쓰기에도 지식과 연구가 필요하며, 작가는 특히 글의 주제와 소재에 관해서는 '실질적 교제와 대화를 통해 얻어지는' 진정한 지식을 갖고 있어야 한다. 영국 작가들이 상류층의 실상을 제대로 묘사하지 못한 이유는 그들의 풍습에 대해 전혀 몰랐기 때문이다. 그들의 풍습은 가난한 계층 출신인 대다수 작가들이 결코 도달할 수 없는 지식이었던 것. 그러나 희극작가에게는 그 같은 실질적 지식이 중요한 소재가 아니다. 상류층 사람들이란 야망이나 쾌락을 추구하는 극소수를 제외하면 모두들 허영과 격식에 빠져 '지루하고, 경박스럽게' 하루하루를 살아가는 모방품에 불과하기 때문이다.

2장

존스는 레이디 벨라스턴으로부터 편지 두 통을 연이어 받았다. 첫 번째 편지는 소피아의 교활함과 뻔뻔스러움을 나무라고, 자신은 사랑할 수 있는 것만큼 열렬히 미워할 수 있다는 경고였고, 두 번째 편지는 이전 편지의 과격한 표현을 사과하고 '즉시' 자기 집으로 와달라는 내용이었다.

존스가 방을 나가려 할 때, 레이디 벨라스턴이 들어와 소피아에게 자신에 대해 밝혔는지 물었고, 존스가 아니라고 대답하는 순간, 파트릿지가 들어와 아너 부인의 방문을 알렸다. 존스는 재빨리 그녀를 침대 뒤에 숨겼다.

아너는 레이디 벨라스턴의 남자관계를 떠벌린 다음, 소피아의 편지를 전하고 돌아갔다. 불같이 화를 내며 '소피아를 포기하는 증거로' 편지를 보여달라고 요구하던 레이디 벨라스턴은 존스의 해명에 누그러져 두 번째 사랑에 만족하기로 마음먹고 존스의 재방문 날짜를 다음날로 잡아주었다.

3장

소피아의 편지는 '저를' 조금이라도 존중한다면 재방문은 잊으라는 당부와 함께 레이디 벨라스턴의 의심을 격정하는 내용이었다. 우선 소피아에게 답장을 쓴 존스는 레이디 벨라스턴에게도 몸이 아파 방문하지 못하겠다는 편지를 보냈는데, 곧바로 '오늘밤 9시에 문병을 가겠다'는 답신이 당도했다.

밀러 부인은 딸들의 앞날을 걱정하며 존스가 '우리 집'에서 밤 11시부터 새벽까지 낯선 숙녀들과 밀회를 즐기는 것은 용납할 수 없다면서 다른 하숙집을 알아보라고 정중히 요청했다. 기분이 상한 존스는 '부인의 집'에 불명예를 끼치지 않겠다면서, 원하는 사람은 만나야겠으니 다른 하숙집을 알아보겠다고 대꾸했다. 밀러 부인이 노상강도 사건과 존스와 올워디 씨의 관계도 언급하며 나무랐기 때문에 화가 치민 존스는 파트릿지를 불러 심하게 나무랐고, 그는 그 책임을 아너 부인에게 돌렸다.

4장

존스의 방을 찾은 나이팅게일이 '오늘' 하숙집을 옮길 계획이지만 개인 사정 때문에 작별인사는 생략할 것이라고 말하자, 존스는 낸시와의 관계를 암시하며 '착하고 순진한 처녀를' 유혹한 것은 눈을 감을 수 있으나 지나친 친절을 베풀어 사랑에 빠지도록 만든 것은 용서할 수 없다고 나무랐다. 나이팅게일은 낸시는 '내 평생' 가장 사랑한 여자지만, 아버지가 생면부지의 여자를 신부감으로 정해 놓았다고 고백했다. 요컨대, 나이팅게일은 일상생활에서는 명예를 존중하고 도시인으로서는 드물게 정직한 편이었으나 여자 문제에서는 변절과 사기행위를 마다않는 인물이었다.

5장

작별에 앞서 차를 마시자며 존스를 부른 밀러 부인은 '올워디 씨의' 도움이 없었다면 '우리 가족은' 살아남지 못했을 것이라면서 지난 이야기를 들려주었다. 장교였던 아버지는 세 딸을 가난 속에 남겨두고 돌아가셨으며, 1년 이내에 언니들도 죽었다. '저는' 목사와 결혼했으나 5년 뒤에 남편이 세상을 떠났다. 그 어렵던 시기에 남편과 친분이 있던 '올워디 씨께서' 20기니를 보냈고, 이어 직접 찾아와 집과 가구를 마련해 주었으며, 매년 50파운드의 연금을 주었다. 따라서 '도련님의' 부도덕한 교제를 묵인했다는 사실을 '그토록 도련님 걱정이 많았던 그분께서' 알게 되면 '저를' 용서치 않을 테니 '우리 집'에서 내보내는 것을 이해해 주기 바란다는 내용이었다.

존스도 자신의 이야기를 들려주었으나 소피아에 대해서는 언급하지 않았다. 그날 밤, 존스는 밀러 부인에게 '마지막 만남'이라며 밤 9시부터 자정까지 레이디 벨라스턴을 기다렸지만, 나타나지 않았다.

6장

아침 11시, 시끄러운 소리에 잠을 깬 존스가 파트릿지를 불러 알아보니 낸시, 밀러 부인, 베티가 울고 있다면서, '고아원'에 보낼 아기가 생겼다고 농담했다. 밀러 부인은 존스에게 '그 불한당'이 딸을 임신시키고 달아났다며, 나이팅게일의 편지를 보여주었다. 아버지가 정한 신부감이 있고, 아기에 대해서는 비밀을 지키되 낸시와 아기의 생활비를 제공하겠다는 내용이었다. 존스가 '따님의 명예'를 먼저 생각해야 한다고 충고하자, 밀러 부인은 낸시가 편지를 받자마자 여러 사람들 앞에서 기절했기 때문에 명예는 물거품이 되었으나, 최악의 상황은 자살이라면서 이미 두 차례나 자살을 기도했다고 하소연하고, '제가' 어리석고 헛된 허영심 때문에 '그 작자의' 호감을 좋게만 보고 딸과 결혼할 것으로 굳게 믿었다며 펄펄 뛰었다. 존스는 밀러 부인을 위로하고 나이팅게일을 찾아 나섰다.

7장

나이팅게일은 새 하숙집에서 낸시에게 안겨준 불행을 되새기며 우울한 표정으로 앉아 있다가 존스를 맞았다. 존스는 '자네가' 할 수 있는 일은 '자네를' 믿은 낸시와 낸시 가족의 기대를 저버리지 않는 것이라며 결혼하라고 충고했다. 나이팅게일이 낸시를 누구보다 사랑한다면서도 '창녀'

와 결혼하면 사람들 보기가 부끄러울 것이라고 걱정하자, 존스는 수백만 명의 무가치한 칭찬보다 고귀하고 올바른 행동을 했을 때 느끼는 따뜻한 감정이 훨씬 더 가치가 있다고 주장했다. 나이팅게일은 고집불통인 아버지만 아니라면 당장 낸시와 결혼했을 것이라면서, '내일' 아버지가 정한 여자를 만날 예정이라고 말했다. 존스는 '내가 아버님을 뵙고 설득하겠다'면서, 나이팅게일에게는 낸시를 찾아가라고 충고했다. 나이팅게일은 '아들이 이미 결혼했다'고 알리면 아버지를 설득하기가 한결 수월할 것이라며 존스의 성공을 빌었다.

8장

　나이팅게일의 아버지 댁에 도착했을 때, 미래의 사돈과 결혼문제를 상의하고 있던 노인은 존스가 아들의 빚을 받으러 왔다고 생각했다. 존스는 낸시에 관한 칭찬으로 말문을 열었지만 이름은 언급하지 않았다. 자신이 정한 며느리감에 관해 이야기한다고 믿는 노인은 그녀가 막대한 재산 이외에 미모, 교양, 상냥한 성품까지 갖췄다는 말을 듣자 놀라는 한편, 숙녀 집에서는 결혼 승낙 전에도 50파운드는 내놓을 것이라고 아주 기뻐했다. 존스는 '승낙 운운하시기에는 너무 늦은 것 같다'며 그녀는 거의 무일푼이지만 '아드님은' 이미 결혼했다고 쐐기를 박았다. 당연히 '해리스 양'

이라고 생각했던 노인은 '낸시 밀러 양'이란 대답을 듣고 망연자실했다. 그때, 이웃 해리스 양의 됨됨이를 잘 알고 있던 노인의 동생이 찾아와 형을 설득했다. 자신의 행복 원칙을 남들에게 강요하는 것은 불합리하다. 특히 행복이 당사자들의 애정에 전적으로 달려 있는 결혼이라면 그 문제는 무엇보다 심각하다. 조카가 형의 승낙 없이 결혼한 것은 잘못이지만, 그 아이의 이해관계가 걸린 문제이니 만큼 당연히 아들의 이익을 최우선으로 여길 아버지로서 그 결정을 존중하기 바란다는 내용이었다. 노인은 '자네 딸이나 신경 쓰라'며 화를 참지 못했다. 존스는 생각이 올곧은 작은아버지를 조카에게 데려가기로 마음먹었다.

9장

밀러 부인은 존스에게 감사를 표하고, '내일' 결혼한다며 기뻐했다. 조카와 단둘이 마주한 작은아버지는 아직 결혼하지 않았다는 말을 듣고 반색하면서 결혼할 때까지는 아무런 공적 책임이 없으니 가난한 낸시를 버리라고 충고했다. 나이팅게일은 결혼 약속에는 명예뿐만 아니라 양심과 인간애도 관련되어 있고 다른 여자와는 행복할 수도 없다면서, 작은아버지가 딸 해리엣에게 직접 결혼상대를 선택하도록 허락하겠다고 공언했던 사실을 상기시켰다. 작은아버지는 이 문제를 좀더 논의하자며 나이팅게일과 함께 자기 집으로 가자고 했다.

10장

존스, 밀러 부인, 낸시는 작은아버지와 조카가 오랫동안 자리를 비웠고 이따금 고성도 들렸기 때문에 불길한 예감이 들었지만, 그들이 나타나자 태연한 자세를 취했다. 나이팅게일은 낸시에게 '내일 아침 일찍 돌아와 약속을 지키겠다'는 귓속말을 남기고 작은아버지를 따라갔다.

존스가 작은아버지의 변화를 감지하고 고민에 빠져 있을 때, 아너 부인이 찾아와 소피아에 관한 끔찍스런 소식을 전했다.

제14권부터 새로운 집필 방식을 따르는 이 소설은 일부가 레이디 벨라스턴, 소피아, 존스의 편지로 채워진 서간체로 바뀌고, 이 부분은 이야기체 소설의 여러 장르와 양식이 혼합된 절충형 문체를 구체화시킨다. 화자는 수필, 극적인 대화, 편지 사이를 오가는데, 서간체 양식은 등장인물들이 서로 떨어져 있다는 느낌을 증폭시키고, 편지들이 등장인물들을 대신한다. 레이디 벨라스턴의 편지에 담긴 역설은 예의바른 행동규칙에 따르지 않고 종종 감정과 음란한 생각을 노골적으로 표현한다는 점이다.

레이디 벨라스턴은 제14권에도 등장하지만, 화자는 낸시와 나이팅게일의 이야기를 좇기 위해 잠시 우회한다. 도시에서 태어나고 자랐기 때문에 외적인 평판만 생각하는 나이팅게일은 결혼이라는 축복을 성취하기에 앞서 존스의 명예규범을 배우고 채택해야 한다. 깨끗한 양심의 아름다움을 추구하는 존스의 고집은 대다수 도시인들이 좇는 거짓된 체면 중심의 지위에 대안을 제시하고 있다.

그렇다고 해서 필딩이 도시인들을 비난하는 것 같지는 않다. 희극작가는 '상류계급에 관한 지식을 많이 가질 필요가 없는데, 그 이유는 상류층 사람들이 지루하고 무미건조하며 유머와 재미의 여지를 제공하지 않기 때문'(1장)이라고 언급한 점을 감안한다면, 필딩의 태도는 오히려 체념에 가깝다고 할 수 있다.

Book 15

1장

덕은 행복에 이르는 길이고, 악은 슬픔에 이르는 길이
라고 믿는 '도덕적인 작가들'의 말은 사실이 아니다. 존스
가 '동료 인간들을' 파별로부터 보호하기 위해 최선의 노력
을 쏟고 있는 동안, '악마 혹은 인간의 탈을 쓴 악령'이 소
피아를 끔찍한 불행에 빠트리려 획책하고 있었기 때문이다.

2장

레이디 벨라스턴의 저택을 자주 방문하던 귀족 청년
펠라마 경이 소피아를 사랑하게 되었다. 레이디 벨라스턴은
연적 소피아를 제거하기 위해 펠라마에게 웨스턴의 큰 재
산을 들먹이고 소피아를 치켜세우다가 '세상에서 가장 비
천한… 거지, 사생아, 업둥이'를 사랑한다고 한탄하고, 사랑
에 빠진 '귀머거리'에게는 강압적인 수단을 써야 효과가 있
다고 구슬려 펠라마를 그날 만찬에 초대한다.

3장

레이디 벨라스턴은 고급 사교클럽 '작은 세상'의 동료 회원 에드워즈에게 자기 집 만찬에 참석했다가 신호를 보내면 거짓말을 해달라고 부탁했다. 만찬 시간, 신호를 받은 에드워즈가 월콕스 대령이 결투를 벌여 존스라는 청년을 죽였다고 말하자, 소피아는 기절했다. 펠라마 경에게 존스에 대한 소피아의 사랑을 입증한 레이디 벨라스턴은 펠라마와 다음날 거사를 감행하기로 모의했다. 밤새도록 '명예'와 '욕정' 사이에서 갈등한 펠라마는 그 음모를 실행하지 않기로 결심했다.

이튿날, 레이디 벨라스턴과 소피아가 함께 있을 때, 하녀가 펠라마의 방문을 알렸다. 소피아는 그의 방문 목적을 알고 있다며 구애를 받아들이지 않겠으니 앞으로는 단둘이 있지 않도록 해달라고 간청하지만, 레이디 벨라스턴은 시골 처녀들은 남자들이 정중하게 대접하면 모두 구애하는 것으로 오해한다고 비아냥댔다.

4장

펠라마 경이 생각을 바꿨다며 어물거리자, 레이디 벨라스턴은 문학에 묘사된 여러 강간 사례를 왜곡시켜 들려주면서 훌륭한 남편이 되면 강간이 결국 소피아에게는 득이 되는 일이라고 주장했다. 펠라마는 소피아의 미모와 재산을 찬양하고, '계획'을 실행하기로 동의했다.

5장

소피아의 방으로 불쑥 들어와 사랑이 '저의' 이성을 앗아갔다며 온 세상을 바치겠다고 매달리던 펠라마 경은 소피아가 매정하게 거절하자 끌어안았고, 놀란 소피아가 비명을 질렀으나 아무도 달려오지 않았다. 그런데 그 순간, 딸을 찾는 아버지의 목소리가 들리면서 문이 활짝 열리고 웨스턴 일행이 쳐들어왔다. 만취한 웨스턴이 딸에게 욕설을 퍼부으며 결혼을 승낙하라고 다그칠 때, 레이디 벨라스턴이 들어와 자기도 약혼을 돕겠다고 거들었다. 상황을 오해한 펠라마는 웨스턴에게 감사를 표하다가 욕설을 듣고는 부랴부랴 자리를 떴다. 레이디 벨라스턴이 갑부 귀족을 모욕했다고 나무라자, 웨스턴은 소피아는 '정직한 시골 신사'와 결혼시킬 것이라며 작별을 고했다. 그들이 떠나자, 레이디 벨라스턴은 내심 쾌재를 불렀다. 상대가 누구든 소피아만 결혼하면 그뿐이었던 것.

6장

제13권 3장에서 암시했듯, 웨스턴 남매에게 소피아의 거처를 발설한 인물은 피츠패트릭 부인이었다. 그녀가 웨스

턴 부인에게 보낸 편지에는 '소피의' 거처와 '고모님의' 현
명함을 치켜세우는 구문이 가득했다.

7장

밀러 부인의 집을 방문한 아너 부인이 존스에게 웨스
턴이 블리필과 결혼시키겠다며 '아가씨를' 데려갔고 자신
은 해고되었다며 넋두리를 늘어놓았다. 그때, 파트릿지가
뛰어 들어와 레이디 벨라스턴의 도착을 알리자, 존스는 아
너를 침대 뒤에 숨겼다.

레이디 벨라스턴은 침대에 앉자마자 온종일 만나지도
못하고 소식도 듣지 못했다며 존스를 나무라고, 아주 건강
해 보인다고 비아냥대며 은밀한 눈길을 보냈으나 반응이
없자 놀라워했다. 안절부절못하던 존스는 때마침 방을 잘못
찾아들어온 나이팅게일을 밖으로 밀어내며 위기를 모면했
다. 그 사이, 재빨리 침대 뒤에 숨으려던 레이디 벨라스턴과
아너가 맞닥트려 싸움이 벌어졌지만, 상대를 알아차린 아너
는 곧바로 꼬리를 내렸다. 레이디 벨라스턴은 아너에게 '일
자리를 알아볼 테니 내일 아침에 찾아오라'는 말을 남기고,
존스에게는 눈길도 주지 않은 채 방을 나갔다. 존스는 부정
행위를 따지고 드는 아너에게 비밀 유지와 소피아를 찾아
주는 대가로 돈을 쥐어주었다.

8장

　밀러 부인은 전날 밤의 소동에 대해 존스를 가볍게 나무랐고, 그녀의 진심을 이해하는 존스는 고맙게 받아들였다. 그날, 나이팅게일과 낸시는 결혼식을 올리고 ‘세상에서 가장 행복한 사람들’이 되었다. 전날, 조카를 취하게 만들어 파혼시키려고 애쓰던 작은아버지가 딸 해리엇이 이웃 목사와 달아났다는 충격적인 소식을 듣고 서둘러 고향집으로 떠나면서 결혼의 장애가 제거되었던 것이다.

9장

　존스가 레이디 벨라스턴으로부터 받은 편지 세 통은 모두 ‘즉시 오라’는 내용이었다. 그때, 나이팅게일이 들어와 두 사람의 관계를 가면무도회 이후부터 알고 있었다며 ‘그 귀부인 손에 놀아난 젊은이들이 많다’면서, 그녀에게 ‘불명예스러운’ 내용을 장황하게 늘어놓았다

　그녀에 대한 존경심과 감사의 마음이 사라진 존스는 관계를 청산하겠다고 다짐했다. 나이팅게일은 ‘확실한’ 절연 방법이라며 청혼을 제안하고 함께 청혼 편지를 썼으며, 곧이어 존스가 재산을 탐내 아주 불쾌하다는 답장이 왔다. 모욕감을 느낀 존스는 ‘금전적 은혜를 모두 갚겠다’는 편지를 다시 썼고, 그녀는 ‘진정으로 경멸한다’며 ‘다시는’ 찾아오지 말라는 답장을 보내왔다.

그날 밤, 결혼피로연에서 밀러 부인은 낸시 부부는 뒷전인 채, 존스에게 감사의 마음을 표하기 바빴다.

10장

밀러 부인은 '조카와' 함께 런던을 방문할 예정이며, 1층과 2층을 쓰고 싶다는 올워디 씨의 편지를 받았다. 올워디가 연금 50파운드를 지불하는 대가로 런던 방문 때마다 1층을 사용한다는 조건을 달았기 때문에 그 요구는 따라야 하지만, 밀러 부인은 존스와 '사위'를 내보내기가 안타까웠다. 부인의 고민을 들은 존스와 나이팅게일 부부는 흔쾌히 다음날 같은 집으로 이사하기로 결정했다.

'다음날' 소피아의 소식을 알려주마고 약속했던 아너 부인이 레이디 벨라스턴에게 고용되어 더 이상 '도련님께 도움을 드릴 수 없다'는 편지를 보내왔다.

11장

밀러 부인과 친하게 지내는 아라벨라 헌트 부인이 존스에게 청혼했다. 대략 서른 살 정도인 그녀는 약간 뚱뚱한 점을 제외하면 매력적이었으며, 얼마 전 상인이었던 남편이 세상을 떠나면서 부자가 되었다. 레이디 벨라스턴의 지원이 끊긴 존스는 부자가 된다는 생각에 잠시 동요했지만, '제 마음을 온통 차지한 숙녀가 있다'는 내용의 거절 편지를 보냈다.

12장

소피아의 행방을 수소문하러 나갔던 파트릿지가 희소식을 가져왔다. 웨스턴이 런던에 올 때 하인으로 따라온 블랙 조지를 통해 소피아에게 편지를 전달할 수 있다는 것. 그러나 파트릿지는 소피아의 거처가 위치한 거리 이름을 기억하지 못해 존스의 애간장을 태웠다.

제15권은 소피아를 겁탈하도록 펠라마 경을 부추기는 레이디 벨라스턴의 사악함을 폭로한다. 그러나 필딩은 독자가 그 장면을 비극적 관점이 아니라 자신의 묘사 방식에 따라 보도록 만든다. 게다가 레이디 벨라스턴이 고전문학에 등장하는 여러 강간 장면의 묘사를 우스꽝스럽게 왜곡하는 내용을 포함시켜 그 효과를 더욱 보강하고, 고전문학 지식이 일천한 문학평론가들과 파트릿지 등을 조롱한다.(4장)

펠라마를 처음에는 소피아를 극장에서 집까지 데려다주는 익명의 신사로 묘사했다가 나중에 청혼자로 등장시키는 방식은 소설 내내 필딩이 구사하는 인물묘사 방식인데, 독자의 분석 능력을 발동시키려는 의도인 것 같다. 실제로도 화자는 독자에게 부지런히 인물의 언행을 분석하고 해석하라고 당부한다. 이따금 필딩이 직접 설명하거나 분석하는 경우도 있지만, 그때는 약간의 시간 간격을 둔다. 예를 들면, 먼저 레이디 벨라스턴의 '작은 세상'이 '명예로운 사교클럽'이라고 칭찬했다가 몇 문단 뒤에서 '희극적인 사교클럽'이라고 말하는 식이다.(3장)

제15권에서는 웨스턴의 행동에 관심을 기울여야 하는데, 펠라마를 거부하는 이유가 보수적 성향뿐만 아니라 시골과 전통에 대한 충성심도 원인으로 작용하기 때문이다. 누이동생과 달리, 펠라마가 가문에 가져다줄 지위와 부를 탐내지 않는 태도는 조금이나마 웨스턴의 고결한 성품을 보여준다고 할 수 있다.

Book 16

1장

소개의 장들은 본문보다 더 쓰기가 어렵다. 특정한 방식으로 순서가 정해지는 것이 아니라 모든 장의 앞부분을 장식할 수 있고, 비평가의 욕구를 자극하는 것이 목적이기 때문이다.

2장

블리필과의 결혼 문제를 놓고 딸과 언성을 높인 웨스턴이 욕설을 퍼붓고 방을 나가 문을 잠갔다. 이튿날 아침, 펠라마 경이 보낸 장교가 찾아와 '경께서 오늘 오후에 찾아뵙고 싶어한다'는 말을 전했다. 웨스턴은 '내 딸은 임자가 있다'면서 권력자들에게 알랑거리는 '귀족나부랭이들은 싫다'고 대꾸했다가 얻어맞고는 비명을 지르며 도망을 다녔다. 상황은 서플 목사가 달려와 만류하면서 종료되었다. 소피아는 갇힌 방에서 아버지를 돕기 위해 발을 구르며 고함을 질러댔다. 장교가 떠난 후, 딸의 방으로 달려간 웨스턴은 '전 재산이라도' 내놓을 테니 블리필과 결혼하라고 재촉하다가 독신으로 살며 아버지를 위해 헌신하겠다는 대답을 듣자 다시 화를 냈으나 마음이 편치 않았다.

3장

웨스턴은 실제로는 딸을 애지중지했고, 딸이 즐거워하는 모습을 보는 일이 인생 최대의 낙이었다. 따라서 아무리 화가 났더라도 딸이 좋아할 음식이라면 값을 따지지 않을 사람이었다. 블랙 조지는 소피아가 가장 좋아하는 암탉 요리를 대령하며 강하게 권했고, 그것을 먹으려던 소피아는 뱃속에서 존스의 편지를 발견하고 기쁜 마음으로 읽었다. '첫째 소망은 이 세상에서 가장 행복한 당신을 직접 보는 것이고, 두 번째 소망은 그런 소식을 전해 듣는 것'이라는 내용이었다.

소피아가 상념에 잠겨 있던 그날 밤, 아래층에서는 방금 런던에 도착한 고모와 아버지가 다투는 소리가 들렸다.

4장

웨스턴 부인은 조카딸을 내놓으라고 요구하다가 방에 가두었다는 말을 듣고는 '강압적인 수단을 쓰지 않겠다'고 약속했던 사실을 상기시키면서, 여자들도 자유를 누릴 권리가 있다고 다그쳤다. 이어 전적으로 딸을 맡긴다는 조건 하에 열쇠를 받아든 그녀는 소피아를 자기 거처로 데려가면서 오빠에게는 해리엇이 연락하더라도 만나지 말라고 쐐기를 박았다.

5장

블랙 조지가 소피아의 답장을 존스에게 전했다. '고모 몰래' 누구를 만나거나 대화하지 않겠다고 약속했기 때문에 앞으로는 편지도 쓰지 않을 것이며, '아버지 동의 없이' 중요한 결정을 내리는 일은 없을 것이라면서, '도련님께서' 찾아준 돈은 돌려보낼 테니 요긴하게 쓰라는 내용이었다. 행복감과 슬픔을 동시에 느끼며 세 시간에 걸쳐 편지를 읽고 또 읽은 존스는 밀러 부인, 베티, 파트릿지와 함께 〈햄릿〉 공연을 보러 갔다. 공연이 끝난 후, 존스는 '큰 도움이 될 만한 이야기'를 들려주겠다는 피츠패트릭 부인의 말을 듣고 '내일 오후'에 만나기로 약속했다.

6장

웨스턴은 블리필에게 가급적 빨리 런던으로 와서 결혼하라는 전갈을 보냈다. 이제 블리필은 탐욕 이외에 증오가 보태져 결혼하려는 오기가 생겼다. 올워디 씨는 당사자의 애정을 결혼의 최우선 조건으로 꼽았지만, 블리필이 소피아를 열렬히 사랑하며 반감을 돌려볼 기회를 달라고 끈질기게 설득하자 함께 길을 나섰고, 존스가 〈햄릿〉을 관람하고 있던 시간에 런던에 도착했다. 이튿날 아침, 웨스턴은 블리필을 누이동생의 집으로 데려갔다.

7장

웨스턴과 블리필이 불쑥 방으로 들어왔다. 소피아에게 사리분별과 결혼의 목적에 관해 설교하고 있었던 웨스턴 부인은 아연실색한 소피아를 내보내고 오빠를 나무란 다음, 블리필에게는 전갈을 남기면 전해 주겠다는 말과 함께 '옷을 갈아입게 자리를 비켜 달라'고 양해를 구했다. 웨스턴은 집을 나서면서 방문 실패를 누이동생의 기분 탓으로 돌렸지만, 블리필은 뭔가 숨기는 것이 있다고 의심했다.

8장

소피아를 덮쳤다가 모욕을 당한 이튿날 오후, 레이디 벨라스턴을 방문한 펠라마 경은 일단 '부랑자에 불과한' 존스를 감금했다가 수병으로 강제징집하라는 충고를 들었다. 레이디 벨라스턴은 웨스턴 부인이 런던에 도착하자마자 보낸 안부편지를 받고는 쾌재를 부르며 펠라마의 청혼 문제를 논의하기 위해 달려갔고, 웨스턴 부인은 열렬한 애정과 원하는 조건에 따라 소피아의 가족에게 재산을 정식 양도하겠다는 그 귀족의 제안을 듣자 노골적인 만족감을 내보였다. 레이디 벨라스턴은 '뻔뻔한' 존스의 청혼편지를 건네며 '원하시는 목적에' 이용하라는 말을 남기고 돌아갔다. 그리고 뒤이어, 웨스턴 부인이 소피아에게 그 이야기를 들려주려고 뜸을 들일 때, 웨스턴과 블리필이 불쑥 나타났기 때문에 블리필이 차가운 대접을 받았던 것이다.

9장

피츠패트릭 부인은 존스를 거처로 불러 남편이 자기에게 구혼할 때 효과를 거둔 방법이라면서, 웨스턴 부인과 거짓 연애를 하며 소피아에게 접근하라고 귀띔했다. 존스가 소피아의 착한 성품을 내세우며 거절하자 화를 내던 그녀는 달래주는 존스에게 이끌려 다시 방문해 달라고 청했지만, 소피아 생각뿐인 존스는 방문하지 않기로 마음먹었다.

10장

런던을 다시 찾은 피츠패트릭은 아내의 집에서 나오는 존스를 발견하고 달려가 용건을 캐묻고, 업턴의 여관에서 만났던 일을 기억해낸 존스가 인사를 건네자 주먹을 날리고 칼을 뽑았다. 이어 반격에 나선 존스가 칼을 뽑아 그를 찔러 쓰러뜨린 순간, 한 무리의 사내들이 나타나 존스를 붙잡았다. 펠라마 경이 고용한 그 패거리들은 피츠패트릭 부인의 집까지 존스를 미행했다가 나오기를 기다리던 참이었다. 경찰에 인계된 존스는 재판을 받고 투옥되었다. 파트릿지는 감방으로 찾아왔을 때 전해진 피츠패트릭의 사망 소식을 듣고 유령이 나타날지 모른다고 두려움에 떨다가 생각난 듯 소피아의 편지를 존스에게 전했다. 레이디 벨라스턴에게 보낸 청혼편지를 읽었으며, 더 이상 '도련님의 이름을' 듣고 싶지 않다는 내용이었다.

제16권에서 펼쳐지는 웨스턴 부인과 레이디 벨라스턴의 협력관계, 그리고 피츠패트릭 부인에 의해 소설은 서서히 절정으로 다가간다. 세 여인에게는 저마다 소피아의 결혼에 발 벗고 나서는 이유가 있다. 웨스턴 부인은 펠라마의 '귀족' 지위와 영국 최대 갑부의 한 사람이란 사실이 흡족한 나머지 그 결혼을 환영하며, 이제 블리필은 '비열한' 시골뜨기로 간주한다. 이 같은 그녀의 태도는 웨스턴과 대비되고 4장에서 소피아의 단속을 놓고 남매가 싸우는 원인이 되며, 웨스턴에 대한 독자의 평가가 약간 높아지는 계기가 된다. 웨스턴은 실제로는 딸을 애지중지했고, '딸이 즐거워하는 모습을 보는 일이 인생 최대의 낙'(3장)이라고 말했기 때문이다. 레이디 벨라스턴은 존스에 대한 적대감과 존스를 소유하며 느꼈던 즐거움을 다른 여자는 맛보지 못하도록 만들려는 심술 때문에 '열성적으로' 펠라마 편에 섰다. 끝으로, 피츠패트릭 부인은 고모와 삼촌의 총애를 되찾으려다 실패하자 복수를 다짐하고 존스와 소피아의 결혼을 도우려고 나선 것이다. 존스와 피츠패트릭의 결투에서 소설은 절정에 이른다.

1장에서 제시된 '소개의 장들'에 관한 필딩의 철학은 제16권의 치밀하게 계획된 직설적 화법과 대비된다. 필딩은 서문 대용 장들의 위치가 무작위로 정해졌고 특정한 순서가 필요 없다는 주장을 통해 '시간에 구애받지 않는' 축을 설정하고, '시간에 의존하는' 축과 대비시킨다. 따라서 '소개의 장들'과 주제넘은 철학적 사색은 앞의 축에 속하는 반면, 고도로 계획된 서술은 뒤의 범주에 속한다.

Book 17

1장

희극작가는 주인공이 가장 행복한 상태에 도달할 때, 비극작가는 주인공이 가장 비참한 상태에 빠졌을 때 작품의 종지부를 찍는다. 이 소설이 비극이었다면, 소피아는 블리필이나 펠라마 경과 결혼시키고, 존스는 타이번에서 교수형당하는 식의 몇 가지 가능한 결말과 함께 '나의 일은' 이미 끝났을 것이다. 그러나 존스에게는 아직도 나쁜 소식이 기다리고 있다. 고대 작가들은 주인공의 구원에 신의 개입을 청하는 이점을 누렸지만, 자연스러운 방법에 의존해야 하는 현대 작가인 '나는' 그에게 어떤 일이 일어나는지 알아보려고 노력할 뿐이다.

2장

외출했던 블리필이 돌아와 존스가 '아주 나쁜 놈'으로 밝혀졌다고 말하자, 밀러 부인은 몇 가지 결함은 있지만 단지 '혈기와 젊음' 탓이라면서 존스의 선행과 관대한 성품에 관해 열거하고, 블리필을 나무랐다. 올워디 씨는 블리필의 말을 끝까지 들어보면 '부인께서도' 오해를 풀게 될 것이라며 '조카를' 거들었다. 블리필이 존스가 사람을 죽였다고 밝히자, 올워디는 성호를 그었고, 밀러 부인은 상대방이 먼저 도발한 것이 확실하다고 주장하다가 문을 세차게 두드리는 소리를 듣고 방을 나왔다.

3장

여관으로 들어오며 '왕실 놈들처럼 시골사람을 뜯어먹으려 든다'고 마차꾼들에게 욕설을 퍼붓던 웨스턴은 누이동생과 '얼굴도 모르는' 친척 여인네들이 소피아를 '귀족 놈에게' 시집보내려고 작당하는데 '어림없는 일'이라면서, '당장이라도 딸애를 끌고 와서 조카와 결혼시키겠다'고 열변을 토했다. 올워디 씨가 강제결혼은 '잔인하고,' '자식의 파멸에 일조하는 일'이라며 극구 만류하자, 아버지는 딸을 다스릴 권리가 있으며 전적으로 딸의 행복을 위한 것이라고 대꾸했다.

블리필은 여자들은 남자의 끈기를 이겨내지 못한다면서 소피아의 애정을 얻을 수 있도록 허락해 달라고 간청했고, 올워디는 숙녀의 반감을 인내심으로 극복하겠다는 생각은 잘못이며, 아름다운 여인을 좋아하고 소유하고픈 욕망을 갖는 것은 아주 자연스러운 현상이지만 '사랑은 오직 같은 사랑에서만 생겨나는 것'이니 가슴속의 진심을 돌아보라고 충고했다. 블리필이 존스의 살인 사건을 언급하자, 웨스턴은 노래를 부르며 춤을 추었다.

4장

'야심도 없느냐'며 펠라마 경과 만나지 않으면 아버지에게 데려가겠다고 위협하던 웨스턴 부인은 '반대 이유를' 하나라도 꼽으라고 말했고, 펠라마가 겁탈하려 했고 그 증거가 아직도 왼쪽 가슴에 남아 있다는 대답이 나오자, 웨스턴 가문의 여자들이 그처럼 무례한 짓을 당한 적은 없었다며 펄쩍 뛰었다. 소피아는 '고모께서' 수많은 구혼자를 마다했던 사실을 상기시키며 왜 '저는' 거절하면 안 되는지 반문했고, 과거를 사랑스레 떠벌리며 기분이 풀어진 웨스턴 부인은 소피아가 펠라마와 만날 때도 자리를 떠나지 않았다.

5장

밀러 부인, 나이팅게일, 파트릿지 등, 존스의 의리파 친구들이 감옥을 찾아왔다. 피츠패트릭이 죽지 않았다는 소식에 안도하다가 소피아의 처지를 생각하며 괴로워하던 존스는 이미 파트릿지가 떠벌려 자초지종을 알고 있던 밀러 부인이 소피아를 만나겠다고 제안하자, 주머니에서 편지를 꺼내 건넸다. 나이팅게일은 피츠패트릭의 상태를 알아보고, 다른 목격자들도 찾아보겠다고 약속했다.

6장

고모와의 관계가 호전되면서 원하는 사람을 초대할 수 있게 된 소피아는 밀러 부인의 방문을 허락했지만, 존스의 편지는 받으려 하지 않았다. 그러나 앤더슨 가족과 낸시에게 베푼 존스의 선행과 존스를 위하는 밀러 부인의 열성에 놀라 편지를 두고 가라며 한 발 물러섰고, 부인이 방을 나가자마자 읽어보았다. 그 편지에는 레이디 벨라스턴에게 청혼한 이유는 해명하고 용서를 구했으나 소피아의 분노를 누그러뜨릴 만한 내용은 없었다.

7장

밀러 부인은 그동안 존스가 겪은 고초와 자신이 입은 은혜에 대해 언급했다. 올워디 씨는 철저한 악당이라도 선량한 구석이 아주 조금은 있다면서 지난 일은 용서하겠으나 그 이름을 다시는 언급하지 말고 블리필과 존스를 비교하는 것도 듣기 거북하다고 말했지만, 밀러 부인은 칭찬을 멈추지 않았다. 넌지시 화제를 돌린 올워디는 낸시 부부의 행복을 위해 친분이 있는 나이팅게일의 아버지를 만나겠다고 약속했다. 대략 한 시간 후, 올워디의 재산관리인으로 고

용된 변호사 다울링과 블리필이 당도했다.

8장

웨스턴 부인은 여전히 소피아를 펠라마 경에게 시집보내는 계획을 포기하지 않았고, 레이디 벨라스턴은 많은 결혼이 당사자가 생각할 틈도 없이 중매로 이루어진다며 부추겼다. 결국 펠라마와 다시 자리를 마주한 소피아는 열렬한 사랑 고백을 듣자, 과거의 겁탈 시도와 지금의 구애가 어울리는 행동이냐며 나무랐다. 펠라마는 보상 방법을 묻고, 사랑의 감정에 빠진 나머지 제정신을 잃었다고 사과했다. 소피아는 진실로 '저를' 사랑한다면 놓아달라고 요구하고, 다른 구혼자가 있느냐는 물음에는 대답할 의무가 없다고 대꾸했다. 웨스턴 부인이 들어와 소피아의 '어리석고 촌스러운 수줍음'을 나무랐다.

웨스턴 부인이 화를 낸 이유는 또 있었다. 아너 부인으로부터 소피아의 감시 임무를 부여받은 웨스턴 부인의 새 하녀가 밀러 부인과 소피아의 대화를 엿듣고 전부 일러바쳤던 것. 소피아가 밀러 부인이 전달한 편지를 넘겨주지 않자, 웨스턴 부인은 소피아를 아버지에게 돌려보내겠다고 협박했다.

9장

존스가 감방에 갇힌 지 24시간 후, 나이팅게일이 다시 찾아와 수소문 끝에 두 명의 목격자를 찾아냈는데, 존스가 먼저 싸움을 걸었다고 주장한다는 말을 전했다. 잠시 후, 존스는 뜻밖에 워터스 부인의 방문을 받았다. 그녀는 업턴의 여관에서 존스와 헤어진 후, 바스행 마차를 탔다가 기혼자란 사실을 숨긴 피츠패트릭과 목적지에 도착한 이후부터 부부로 살아왔으며, '남편을' 찌른 사람이 존스란 사실을 알고 찾아왔다면서, 그는 살아 있고 자신이 먼저 결투를 도발했다고 인정했다는 말을 들려주었다. 그녀가 돌아간 후, 존스는 우울함은 다소 풀렸지만, 소피아에게 버림받았다는 생각 때문에 마음이 아팠다.

1장에서 화자는 제17권 끝부분에서 소설을 절정에 도달시킬 것이라고 예고한다. 자신이 비극작가였다면 존스의 교수형, 블리필이나 펠라마 경과 소피아의 결혼으로 제16권 다음에서 '작품의 종지부를 찍을 수 있었다'면서 자신의 기교와 권위를 상기시키고, 2장 이후부터는 해결이 불가능할 것 같았던 문제들에 대한 해답을 제시하겠다는 약속을 이행하기 시작한다.

이것은 미덕을 순결로 규정하는 〈파멜라〉의 별칭 "보

상받은 미덕"의 필딩식 변형판의 시작이며, 존스가 베푼 관용에 대해 친구들이 의리와 우정으로 보답한다는 것을 의미한다. 파트릿지는 감옥으로 계속 존스를 찾아오고, 나이팅게일은 결투 목격자들을 찾아내며, 밀러 부인은 존스와 소피아를 재결합시키기 위해 노력하는 것. 이 시점에서 등장인물들은 의리에 의해 구분되는데, 친구들은 계속 존스를 지원하는 반면, 아너 부인은 소피아에게 등을 돌린다.

Book 18

1장

마침내 긴 여행의 막바지에 도달했다. 이제는 함께 여행하면서 있었을지 모를 사소한 말다툼이나 적개심은 뒤로 한 채 화해할 시간이며, 그동안 '내가' 즐거운 길동무가 되었기를 바란다. 더불어 '나는' 이 작품이 '병약한 작가'와 '그를 비방하는 동시대 작가들의' 작품들보다 오래 살아남을 것이라고 확신한다.

2장

파트릿지가 창백한 얼굴로 들어와 '듣지 않아야 할 말을' 엿들었다며, '방금 나간' 부인과 업턴에서 잠자리를 같이했는지 확인하고 '도련님의 친어머니'라는 끔찍한 소식을 전했다. 망연자실한 존스는 부인을 찾아오라며 파트릿지를 보냈으나 두세 시간 후에 홀로 돌아오자 거의 미칠 지경이 되었다. 그때, 워터스 부인의 편지가 배달되었는데, '한 신사 분을' 만나 '당신과 관련된 사실'을 알게 되었지만 지금은 시간에 쫓겨 다음 기회에 알려주겠으며, 피츠패트릭은 위험한 고비를 넘겼으니 안심하라는 내용이었다.

이어 감옥으로 찾아온 블랙 조지는 웨스턴 남매가 심한 언쟁을 벌이고 의절했으며, 웨스턴 부녀는 화해했다는 소식을 전했다. 펠라마 경의 문제를 놓고 남매가 격렬한 말다툼을 벌인 뒤에 고모가 떠나자, 침묵하던 딸이 아버지 편을 들었고, 그 태도가 한없이 흡족했던 웨스턴이 손을 내민 것이었다.

3장

올워디 씨는 나이팅게일의 아버지로부터 아들과 만나겠다는 약속을 받아내자, 그 집에 들어올 때 지나쳤던 블랙 조지에 대해 물었다. 노인은 '아주 착실한 사람'이라면서, 투자해 달라고 맡긴 것이라며 100파운드짜리 어음 다섯 장을 보여주었다. 깜짝 놀란 올워디는 '본래 제 것'이라며 자초지종을 이야기하고, 내용을 좀더 알아볼 때까지는 비밀을 지켜달라고 부탁했다.

올워디는 나이팅게일 부자가 조만간 만나 화해할 것이란 소식을 전하며 존스 일 때문에 상심하고 있던 밀러 부인의 기분을 조금이나마 풀어주고, 다울링을 불러 어음 문제에 대해 자문을 구한 뒤 돌려보냈다. 밀러 부인으로부터 올워디를 소개받은 나이팅게일이 피츠패트릭의 소식과 존스의 효성에 대해 이야기하자, 올워디는 아기 존스를 발견했던 때를 회상하며 눈물을 글썽거렸다. 그런데 그 눈물은 스퀘어의 편지에도 원인이 있었다.

4장

스퀘어의 편지. 중병을 앓고 있는 '저는' 지난날 '당신의 양자에게' 저질렀던 잘못을 몹시 후회하고 있다. 그 아이는 아무 죄가 없고, '당신이 위독할 때' 진정으로 걱정한 사람은 그 아이뿐이었다. 그 아이의 실수는 '당신의' 완쾌를 기뻐하던 와중에 저지른 일이고, '다른 사람'의 비열한 음해 때문에 일이 커졌다. 죽기 전에 관대하고 정직한 그 아이가 '당신의' 애정을 되찾았다는 소식을 듣고 싶은 마음 간절하다.

함께 도착한 드웨컴의 편지는 거만하게 존스의 악행을 나무라고, 현재의 교구목사가 죽으면 '저를' 임명해 달라고 요청했다.

5장

밀러 부인은 나이팅게일이 존스를 강제징집시키려고 어떤 귀족에게 고용되었다가 결투를 목격한 두 명의 증인들을 찾아냈으며, '선생님께서 보낸 변호사가' 그 수병들과 술집에서 만나는 장면도 목격했다는 말을 전했다. 올워디 씨는 다울링을 찾았지만, 이미 집을 떠난 뒤였고, 대신 불려온 블리필로부터 그들에게 올바른 증언을 촉구하기 위해 보냈다는 대답을 듣자, 마음이 누그러져 모두들 존스를 면회하러 가자고 제안했다.

그때, 파트릿지가 밀러 부인을 밖으로 불러내 워터스 부인이 '존스의 친어머니'라고 밝혔고, 방으로 돌아온 그녀는 '도련님 하인' 핑계를 대며 면회를 만류했다. 올워디는 물어볼 말이 있다며 그 하인을 불러달라고 부탁했고, 파트릿지가 들어오자 곧바로 알아보았다.

6장

올워디 씨가 '아들의 하인'이 된 연유를 묻자, 파트릿지는 존스의 아버지로 유죄 판정을 받은 이후에 겪은 일들을 들려주었다. 아내가 죽고 누군가가 지급하던 연금이 끊겼으며 빚까지 생긴 '저는' 고향을 떠나 솔즈베리와 리밍틴의 훌륭한 변호사들 밑에서 일하다가 조그만 학교를 세웠다. 어느 날, 기르던 돼지 한 마리가 이웃집 마당으로 뚫고 들어가 법정에 섰고, 이웃에 고용된 변호사의 거짓말 때문에 윈체스터 감옥에서 7년간 복역했다. 그 후, 아일랜드의 코크에서 교편을 잡았다가 브리스톨로 이사했으며, 그곳에서 존스를 만났다. 존스는 성품이 훌륭하고, '올워디 씨에 대한

애정과 존경심도' 지극하다. 존스의 친어머니는 워터스 부
인인데, 존스와 잠자리를 가졌다.

올워디가 대경실색하고 있을 때, 워터스 부인이 들어
와 단독 면담을 요청했다.

7장

워터스 부인은 존스의 임신과 출산에 얽힌 사연을 밝
혔다. 존스의 아버지는 올워디 씨와 절친했던 목사의 아들
써머인데, '나리께서' 기르고 대학교까지 보내준 그 청년이
다. '저는' 보상을 약속한 '나리의 누이동생' 브리짓 올워디
의 지시에 따라 존스를 '나리' 침대에 갖다놓았다. '나리께
서' 런던으로 떠난 후, '저희 모녀에게' 비밀을 털어놓은 '아
가씨는' 입이 가벼운 하녀 드보라 윌킨스를 심부름 보내고
나서 '우리 모녀가 지켜보는 가운데' 아기를 출산했다.

올워디는 충격을 받았다. 워터스 부인은 '아가씨는' 때
가 되면 밝히려 했으나 기회를 놓쳤다고 변호하고, 이어 다
울링이 '저를' 피츠패트릭의 아내로 착각하고 찾아와 존스
를 상대로 소송을 제기하기 위해 돈이 필요하다면 '매우 부
유한 신사'로부터 받아주겠다고 약속했으며, 그때 비로소
존스의 정체를 알게 되었다고 말했다. 올워디가 '그 변호사
를' 만나고 가라며 그녀를 붙잡을 때, 웨스턴이 방으로 들
어왔다.

8장

　웨스턴이 소피아가 지니고 있던 존스의 편지 여러 통을 내보이며 소란을 피우자, 올워디 씨가 '따님을' 설득해 보겠다고 약속했다. 웨스턴이 돌아간 후, 워터스 부인은 기구했던 과거 이야기를 들려주었다. 결혼을 빙자한 남자와 12년간 살다 도망쳐 궁핍 때문에 워터스 대위의 아내 노릇을 하며 여러 해 동안 동거했고, 그가 제임스 2세파 반군과 싸우기 위해 떠난 후에 흉악범에게 털리고 있던 '저를' 존스가 구해 주었다는 것.

　워터스 부인을 위로하던 올워디는 방으로 들어오다 흠칫 놀라는 다울링에게 블리필의 공모자가 된 연유를 물었다. 다울링은 블리필의 지시가 '나리의' 복심(腹心)인 줄 알고 실행에 옮긴 것이며, 존스가 '나리의 조카'란 사실은 이미 알고 있었다고 대답했다. 브리짓 올워디는 임종을 지키던 '제게' 편지와 함께 존스가 '내 아들'이란 사실을 오빠에게 전해 달라는 '말씀을' 남기고 세상을 떠났다. 그 낭시 블리필에게 전후사정을 이야기하고, '나리께서 쾌차하시면 그 말씀과 함께 전해 드리라'며 편지를 맡겼기 때문에 '나리께서도 모든 사실을 알고 계신다'고 짐작했다는 것.

　올워디로부터 그 이야기를 전해들은 밀러 부인은 뛸 듯이 기뻐하며 워터스 부인에게 감사를 표했고, 워터스 부인은 존스의 석방을 위해 파트릿지와 어떤 귀족이 담당판사를 찾아갔다고 화답했다. 올워디가 불러 '네 어머니가 내게 전하라고 했던 편지를 찾아놓으라'고 지시한 뒤 외출하자, 블리필은 사색이 되었다.

9장

소피아를 설득하러 가는 길에 존스가 그녀에게 보낸 편지를 읽고 감동한 올워디 씨는 그녀를 만나 '선견지명'으로 비참한 결혼을 피한 것이 기쁘다며 블리필과 정반대인 '다른 조카와' 결혼해 달라고 간청했다. 소피아가 '그런 조카 분 얘기'는 금시초문이라며 놀라워하자, 존스라라는 대답이 돌아왔다. 소피아는 아버지 동의 없이는 결혼하지 않을 것이며, 존스가 훌륭한 성품을 지닌 것은 사실이지만 '제 마음은' 돌릴 수 없다고 말했다. 그때 웨스턴이 들어와 '새빨간 거짓말'이라며 딸을 나무라고 내보낸 뒤, 존스가 석방되었으니 소피아를 철저히 감시하라고 귀띔한 레이디 벨라스턴의 편지를 보여주었다. 그러나 올워디가 새롭게 알게 된 사실과 상속자로 삼을 생각이라는 속내를 밝히자, 태도가 돌변한 그는 존스와 화해할 수 있도록 '그날 오후에' 함께 방문해 달라고 간청했다.

10장

올워디 씨의 사과를 받은 존스는 지금의 기쁨이 과거

의 고통을 충분히 보상해 준다고 대답하고, 오히려 그동안 과거의 어리석음과 잘못을 깨닫고 반성하는 시간을 갖게 되어 '하나님께 감사한다'면서도 '소중한 보물 하나를 잃었다'며 한숨지었다. 올워디는 '한숨짓는 이유를 알고 있다'면서 소피아와 나눈 대화를 들려주고, 그녀 뜻에 따르라고 충고했다. 밀러 부인이 존스를 찾아와 '아가씨께' 레이디 벨라스턴에게 보낸 청혼편지 사건을 해명하고, 헌트 부인의 청혼도 거절했다는 사실을 밝히자, '아가씨는''도련님의' 방탕한 생활을 경멸하고 혐오한다면서도 일말의 애정이 남아 있다는 사실을 부정하지 않더라고 말했다. 그때, 웨스턴이 들어와 올워디와 존스를 오후 다과회에 초대했다.

11장

존스는 올워디 씨와 밀러 부인에게 감옥에서 석방된 경위를 들려주었다. 워터스 부인은 존스와 잠자리를 갖지 않았다고 말했고, 그 사실을 받아들인 피츠패트릭은 펠라마 경에게 결투를 먼저 도발했다고 시인하고 존스를 칭찬했다. 그러자 펠라마는 자신 때문에 그 지경이 된 존스를 돕기 위해 담당판사를 찾아갔던 것이다.

블리필을 처벌하려던 올워디는 존스의 설득에 따라 가급적 빨리 저택에서 내쫓기로 결정했고, 존스는 이 소식을 자기가 전하겠다고 요청했다. 존스가 찾아갔을 때, 블리필은 두려움에 휩싸여 울고 있었다. 존스는 필요한 돈을 주고 외삼촌과의 화해를 위해서도 노력하겠다며 위로했고, 용서를 구한 블리필은 고마움을 표하고 떠났다.

블랙 조지의 비위를 밝힌 올워디는 존스의 선처 요청에도 불구하고 배은망덕은 용서할 수 없다며 단호하게 처벌 의사를 밝혔다.

12장

마침내 존스와 소피아가 웨스턴의 저택에서 얼굴을 마주했다. 웨스턴은 '긴히 할 얘기가 있다'며 올워디 씨를 잡아끌고 자리를 피해 주었다. 소피아는 존스에게 지난 행동에 대해 스스로 판결을 내리라면서, 업턴 사건 이후에 그토록 빨리 '다른 여자와' 부정을 저지르는 사내에게 무슨 행복을 기대할 수 있느냐고 따졌다. 존스는 당시의 절망감을 고려해 달라고 애원하고, 여자들의 섬세한 심성으로는 남자들의 야비한 속성을 상상할 수 없으며 애욕은 '마음의 사랑'과 무관하다고 주장했다. 소피아는 그런 구분도 못하는 남자에게는 미래를 맡길 수 없다면서도 12개월 뒤에 결혼하겠다고 말했다. 그때 갑자기 웨스턴이 들어와 '내일 당장' 결혼하라고 재촉했고, 소피아는 못이기는 척 '아버지 명에 따르겠다'고 대답했다.

13장

결혼식은 즐거운 분위기가 넘쳤고, 과거에 불행했던 사람들일수록 더욱 행복감을 만끽했다. 존스가 이 세상에서 가장 행복한 사람이 되면서 '우리 이야기는' 종착점에 도달했다.

이제, 주요 등장인물들의 소식을 간단히 전하며 작품의 막을 내리겠다. 블리필과의 만남조차 거부하는 올워디 씨는 존스와 소피아의 설득에 따라 블리필에게 연금 200파운드씩을 지급하기로 결정했고, 존스가 그 액수에 3분의 1을 추가했다. 블리필은 인근에 사는 부유한 감리교도 미망인과 결혼하기 위해 개종했다. 피츠패트릭 부인은 이혼했다. 워터스 부인은 올워디로부터 연금 60파운드를 받게 되었고, 서플 목사와 결혼했다. 블랙 조지는 죄가 발각된 후에 도주했다. 파트릿지는 존스로부터 60파운드의 연금과 학교 설립을 약속받았고, 몰리 시그림과 혼담이 오가고 있다. 웨스턴은 저택과 사유지의 대부분을 사위에게 물려수고 삭은 집에서 생활하며 딸의 집을 자주 방문했다. 슬하에 남매를 둔 존스와 소피아는 서로 극진히 사랑하고 존중했으며, 주변사람들도 그들을 축복했다.

: 풀어보기

　　제18권은 여러 가지 오해가 풀리는 과정으로 구성된 점에서 전형적인 희극적 결말을 따른다. 스퀘어의 편지는 블리필의 음모를 폭로하고, 워터스 부인의 증언은 존스의 친부모를 밝혀주는 것.

　　소설의 결말을 이루는 미래 소식의 요약은 등장인물들의 변화를 보여주는데, 낭만적 희극의 전형적 형태다. 예를 들어, 당연히 주인공 존스가 가장 많이 변하는데, 이제는 다른 여인네들에게 한눈팔지 않고 처자식과 행복하게 살고 있다. 블리필은 처벌보다는 오히려 존스의 용서 덕분에 조금 나은 인간이 된다. 이처럼 태생보다는 선행을 통해 영웅의 지위에 도달하는 존스가 '업둥이'에서 부유하고 기품 넘치는 신사가 될 때까지의 여정은 이 소설을 일종의 성장소설로 만든다.

Important Quotations Explained

다음은 주요 인용구 해설입니다.

1. 나는 이 역사이야기 내내 이유가 생길 때마다 옆길로 벗어날 작정이다. 그 문제에 관해서는 그 어떤 하찮은 비평가보다 나 자신이 더 훌륭한 심판관이다. 그리고 여기서 말하건대 그런 비평가들은 모두 자기 일에나 신경 쓰기 바란다.… 왜냐하면, 나는 그들이 심판관으로 임명될 만한 권위를 만들어낼 때까지 그들의 재판권을 인정하지 않을 것이기 때문이다.

   — 제1권 2장. 이처럼 화자가 독자에게 직접 이야기하는 것은 소설 내내 나타나는 전형적 특징인데, 급기야 자신을 소설 속 등장인물로 간주하는 수준까지 도달한다. 그리고 이 구절을 통해 자신의 집필 양식에 관해 언급하기 때문에 필딩 자신이 화자라고 가정할 수도 있다. 자기 작품에 대한 비평가들의 비판을 얕보는 발언은 이 소설에 반복 등장하는 주제이고, 실제로 필딩은 이 소설에서 종교로부터 분리될 수 있는 실체로서의 덕목에 대해 아주 비정통적인 시각을 내세우기 때문에 비평가들의 비난을 미리 차단할 필요가 있었다.

2. 우리는 바랄 수 있는 것보다 훨씬 더 불리한 방식으로 우리 주인공을 무대에 등장시킬 수밖에 없다. 그리고 단언컨대… 존스가 분명히 교수형당할 운명을 안고 태어났다는 것이 모든 올워디 가문 사람들의 한결같은 견해였다.

— 제3권 2장. 독자에게 14세가 된 톰 존스를 소개하기 직
전에 나오는 인용구. '완벽하지 않은 주인공들'에 대한 필딩
의 관심을 보여주는데, 무결점의 주인공을 소개하려는 의도
보다는 이 세상에 존재할 만한 인물을 그리기로 선택한 것.
실제로 앞 문장에서는 "누구에게도 아첨하지 않고 진실의
지시에 따르겠다"고 약속했다. 여기서 필딩이 톰 존스를 배
우처럼 그의 연극 무대에 등장시키겠다고 고백하면서 '무대'
라는 모티프가 시작된다.

3. 따라서 수많은 어리석은 소설들, 그리고 기괴한 낭만소설들이 창작
될 것이며… 엄청난 시간 낭비를 가져올 것이고, 독자에게 종종 추
문과 비방을 퍼트릴 것이고, 훌륭하고 정직한 수많은 사람들의 인
격에 대한 편견을 퍼뜨릴 것이다.

— 제9권 1장. '소설'이 필딩의 시대에 나타난 새로운 형식
이며, 개념 규정이 논란의 대상이 되고 있다는 사실을 보여
주는 인용구. 필딩은 자기 작품을 '소설'이나 '낭만소설'이
아니라 '역사이야기'라고 부르며 차별화하지만, 현대 기준에
의하면 세 가지 범주에 모두 속한다.

4. 따라서 소피아는… 아버지에게 붙잡혔다는 공포로부터 벗어난 당
장의 만족감이 너무 컸던 나머지 프랑스군의 상륙은 아무렇지도 않
게 생각되었다.

— 제11권 6장. 아녀 부인이 밑도 끝도 없이 다급하게 '우리
모두 끝장'이라면서 '그들이 왔다'고 소리치며 달려오자 소
피아는 아버지가 쫓아온 줄 알고 피가 얼어붙었으나 곧이어
'그들'이 '프랑스군'이란 사실을 알고 안도하는 모습을 통해
사람들이 개인적 아픔을 국가적 재난보다 훨씬 무겁게 받아
들이는 사실을 희화화한 인용구. 이를테면, 인근의 화재 소

식을 듣고 자기 오두막을 걱정하며 애태우던 사람이 '궁궐
만 타고 오두막은 안전하다'는 사실을 확인하고는 슬그머니
미소 짓는다거나 '수병 1,200명이 승선한 전함의' 침몰보다
자기 아들의 죽음을 훨씬 더 비통하게 생각하는 보통사람들
의 심리를 묘사하고 있다.

5. 이 연인들의 표정이나 감정을 묘사하는 것은 내 능력 밖이다.··· 그
    리고 불운이라면, 이 순간 그 연인들의 마음에 스쳐지나가는 생각
    을 직접 가슴으로 공감할 수 있을 만큼 절절한 사랑을 경험한 독자
    가 거의 없다는 점이다.

    ― 제13권 11장. 톰 존스와 소피아가 레이디 벨라스턴의 응
    접실에서 우연히 만나는 장면. 화자가 이처럼 감동적인 장면
    을 말로 표현할 수 없다며 겸손한 척하면서도 독자들이 사
    랑에 빠져본 적이 없다는 생각이 든다고 슬쩍 꼬집는 역설
    적 발언은 필딩의 '기교적' 특징을 만들어낸다. 필딩은 그의
    독자가 그의 지시를 따르면서 통찰력과 분석력을 갖춘 독자
    가 되기를 바라는 마음에서 자신의 창작 행위로 끊임없이
    독자의 관심을 끌어들인다. 사실, 이 작품에서는 화자와 독
    자의 관계가 가장 중요한 요소 가운데 하나다.

제목: 톰 존스 Tom Jones

작가: 헨리 필딩 Henry Fielding

작품 유형: 소설

장르: 서사적 희극 낭만소설, 성장소설

언어: 영어

집필 시기와 장소: 1745년, 영국

초판 발행일: 1749년

출판사: A. 밀러, 런던 A. Millar, London

화자: 익명

관점: 화자는 주로 1인칭 단수로 말하지만, 이따금 빅토리아 시대의 방식에 따라 1인칭 복수인 '우리'로 표현하는 경우도 있고, 소설의 마지막 4분의 1은 산문 속에 편지가 삽입된 서간체로 되어 있다. 화자는 기본적으로 전지적(全知的) 입장을 취하며, 여러 등장인물의 마음을 오간다.

어조: 화자의 어조는 항상 역설적이다. 그러나 필딩이 채택한 역설의 유형에 관해서는 많은 논란이 빚어지고 있으며, 비평가들은 필딩에게 독특한 서술 어조를 묘사하기 위해 다양한 용어를 만들어냈다.

시제: 과거

배경(시간): 1745년 무렵

배경(장소): 영국(주로 서머셋셔, 브리스톨, 업턴, 런던)

주인공: 톰 존스

주요 갈등: 같은 신사계급 출신의 사위를 얻고 싶어하는 아버지 때문에 존스와 소피아는 결혼할 수 없다.

상승: 존스는 누명을 쓰고 집에서 쫓겨나며, 소피아는 아버지의 강제결혼을 피해 런던으로 달아난다. 존스는 레이디 벨라스턴과 정을 통하며 금전적 도움을 받는다.

클라이맥스: 존스는 피츠패트릭과 결투한 후, '살인' 혐의로 투옥된다.

하강(클라이맥스 다음 이야기): 존스에게 도움을 받은 지인들이 그의 누명을 벗겨주고 소피아와의 재결합을 지원하며, 블리필의 음모가 밝혀진다.

주제: 생각보다는 행동으로서의 덕, 천편일률적인 분류의 불가능성, 예술과 기량 사이의 긴장

모티프: 음식, 여행, 법, 무대

상징: 소피아의 토시

전조: 화자는 다음 장이나 다음 권의 사건을 의식적으로 계속 예고한다.

다음 질문에 대해 간단히 서술하시오.

1.　고전 서사시가 사건의 결과를 형성하기 위해 의존하는 전형적인 방법은 신의 개입이나 초자연적 힘을 이용하는 것이다. 〈톰 존스〉는 구성 면에서 이러한 고전 서사시의 측면을 따르고 있는가, 아니면 회피하는가?

　— 필딩의 희극적 구성은 어느 정도 우연한 계기가 요구되지만, 화자는 자신의 장르를 '놀라운 것'으로 규정하고 '믿기 어려운 것'과 강력히 구분하면서 제8권 1장에서 단순한 '가능성'보다는 '개연성'에 치중하겠다고 약속한다. 그러나 화자의 고집은 몇 가지 표리부동(表裏不同)을 은폐하는 것 같고, 고도로 치밀하게 고안된 사건들은 사실상 '개연성'보다는 '가능성'쪽으로 기우는 듯이 느껴진다.

　　그러나 필딩은 신이나 초자연적 행위자의 개입을 이용하지 않고, 어느 정도 창의력을 통해 사건들의 결말을 이끌어 낸다. 목발 하나의 도움조차 거부하는 필딩의 의도는 주인공의 각종 미덕이 종교나 사리분별보다는 선한 행동에서 유래한다는 구상을 통해 뚜렷이 나타난다. 그러나 신들이 존스나 소피아를 구하러 오지 않더라도 두 주인공은 소설의 끝 부분에서 그들에 대한 다른 인물들의 인식을 통해 그들 나름의 신성(神性)을 획득한다.

2.　필딩은 도덕 문제에 관한 교훈을 얻으려고 독서하던 시대에 〈톰 존스〉를 집필했는데, 이 작품에서는 특정한 가치관과 윤리관을 옹호하고 있는가, 아니면 그 같은 접근법을 거부했는가?

3.   필딩은 〈톰 존스〉에서 도시와 시골의 관계를 어떻게 묘사했는가?

4.   필딩의 시대에는 '소설'의 정확한 개념에 대해 많은 논쟁이 벌어졌으나 사람들의 일상적 사건들을 묘사하는 산문 작품이란 점에는 어느 정도 합의가 이루어져 있었다. 〈톰 존스〉는 그 개념 규정에 부합하는가?

5.   필딩이 〈톰 존스〉의 매 권마다 소개의 장을 집필한 실질적 목적을 어떻게 생각하는가? 그 목적은 작가가 공언한 목적과 어떻게 일치하는지, 아니면 어떻게 벗어나는지 서술하라.

다음 질문에 알맞은 답을 고르시오.

1. 소피아가 업턴의 여관에서 존스에게 남겨놓은 것은?
    A. 페티코트　　　B. 토시　　　C. 코르셋　　　D. 숄

2. '작은 벤저민'은 누구인가?
    A. 피츠패트릭　　　B. 노서튼　　　C. 중위　　　D. 파트릿지

3. 존스가 블랙 조지를 돕기 위해 블리필에게 파는 물건은?
    A. 성경　　　B. 사냥총　　　C. 새　　　D. 파이프

4. 나이팅게일이 존스에게 레이디 벨라스턴을 떼어내는 방법으로 조언하는 술책은?
    A. 겁탈　　　B. 소피아에 대한 사랑 고백
    C. 청혼　　　D. 아라벨라 헌트와의 불장난

5. 올워디에게 존스의 누명을 벗겨주는 편지를 보낸 인물은?
    A. 스퀘어　　　B. 드웨컴　　　C. 워터스 부인　D. 블리필

6. 나이팅게일과 낸시의 결혼을 막으려고 애쓰는 인물은?
    A. 존스　　　B. 밀러 부인　　　C. 블리필　　　D. 아버지

정답 |

1. B　2. D　3. A　4. C　5. A　6. D

미국에서 1억부 이상 판매된 기적의 논술가이드
클리프노트가 한국에 상륙했다!!

방대한 고전을 하루만에 독파하는 스피드

다락원 명작노트 **CliffsNotes™** 시리즈는

▶ 미국대학위원회, 서울대, 연·고대 추천 고전을 알기 쉽게 재구성한 대한민국 대표 논술교과서입니다. ▶ 작품의 핵심내용과 사상, 역사적 배경, 심볼, 작가의 의도 등을 명확하게 정리하여 방대한 원작을 쉽고 빠르게 이해할 수 있게 해줍니다. ▶ 미국에서 리포트, 논술용으로 1억 부 이상 팔린 초베스트셀러의 명성에 비평적 사고와 논리적 글쓰기의 모델을 제시하는 〈一以貫之〉의 논술 노트를 통해 사고 능력, 읽기 능력, 쓰기 능력을 체계적으로 길러줍니다.

★ 〈一以貫之〉 논술연구모임: 대입 논술이 시작될 때부터 학원과 학교에서 논술을 가르쳐온 전문가들의 모임입니다. 현재 서울·분당·평촌·인천·광주·부산·울산 등의 유명 학원과 고등학교의 논술강의 현장에서 학생들이 '자신의 물음'과 '자신의 생각'을 갖고 '자신의 글'을 쓸 수 있도록 도와주고 있습니다.

다락원 명작노트 **CliffsNotes™** 시리즈 50권 출간

001 걸리버 여행기 002 동물농장 003 허클베리 핀의 모험 004 호밀밭의 파수꾼 005 구약 성서

006 신약 성서 007 분노의 포도 008 빌러비드 009 이반 데니소비치의 하루 010 카라마조프 가의 형제들

011 순수의 시대 012 안나 카레니나 013 멋진 신세계 014 캉디드 015 캔터베리 이야기 016 죄와 벌

017 크루서블 018 몽테크리스토 백작 019 데이비드 코퍼필드 020 프랑켄슈타인 021 신곡

022 막대한 유산 023 햄릿 024 어둠의 심연 外 025 일리아드 026 진지함의 중요성 027 제인 에어

028 앵무새 죽이기 029 리어 왕 030 파리대왕 031 맥베스 032 보바리 부인 033 모비딕

034 오디세이 035 노인과 바다 036 오셀로 037 젊은 예술가의 초상 038 주홍 글씨 039 테스

040 월든 041 워더링 하이츠 042 레미제라블 043 오만과 편견 044 올리버 트위스트 045 돈키호테

046 1984년 047 이방인 048 율리시스 049 실낙원 050 위대한 개츠비